UN

SCRUTIN AU XIVᴱ SIÈCLE,

NOTICE ET DOCUMENT

LUS A LA SÉANCE DU 19 JUIN 1852,

PAR M. FÉLIX BOURQUELOT, MEMBRE RÉSIDANT.

Extrait du XXIᵉ volume des Mémoires de la Société nationale des Antiquaires de France.

Les archives nationales possèdent un document curieux et peut-être unique sur l'histoire des communes françaises au xivᵉ siècle; il me paraît mériter d'être livré à la publicité. C'est un relevé des votes émis par les gens de la ville de Provins et des villages environnants, sur la question de savoir s'ils veulent continuer à faire partie de la commune de Provins ou se séparer d'elle et passer sous l'entier gouvernement du roi.

Il s'opéra dans la ville de Provins, au milieu du xivᵉ siècle, une révolution intérieure, sur la cause, les circonstances et les suites de laquelle on a peu de renseignements. On sait seulement que, depuis plusieurs années, la commune était en décadence; les baillis et les prévôts s'étaient emparés du droit d'élire les maires (1329), et

1

avaient interdit à l'échevinage l'exercice de la
juridiction au criminel, la levée des grosses
amendes et la fixation de certaines mesures[1].
Quelques-uns de ces droits avaient, il est vrai,
été rétablis, après enquête, sur la réclamation
des intéressés[2]; mais on sent que la force mo-
rale des magistrats municipaux devait avoir reçu
une grave atteinte. D'autre part, depuis l'extinc-
tion de la descendance masculine des comtes de
Champagne, la prospérité de la ville de Provins
avait successivement diminué; les foires, l'in-
dustrie et le commerce avaient perdu de leur
importance, et la misère s'était répandue jusque
dans les maisons religieuses. La population ou-
vrière, assez turbulente, qui avait assassiné,
en 1278, le maire Guillaume Pentecôte, s'était
levée de nouveau en 1310, et, en 1324, les
foulons et lanneurs avaient formé une coalition

[1] Voy. mon *Histoire de Provins*, t. II, p. 15.
[2] Voy. un acte du lundi avant la Nativité, décembre 1338,
portant rétablissement du droit de justice de l'échevinage
(*id.*, *ibid.*, pièc. justif., p. 446); — un acte du 8 février
1330 (1331 nouv. st.), par lequel les maire et échevins
sont remis en possession des mesures à mesurer le charbon
(Cartul. de la ville, à la Biblioth. de Provins, fol. 197, v°);
— un acte du lundi avant Pâques fleuries, 1334, en vertu
duquel le bailli ôte l'empêchement qu'il avait mis sur la
levée par les maire et échevins des grosses amendes qu'ils
avoient acoustumés à lever sur leurs communiers par des-
sus xx s. tourn. (Cartul. de la ville, fol. 19, v°).

qui attira sur eux un châtiment sévère[1]; enfin,
en 1349, à la suite d'une maladie contagieuse
qui décima les habitants, la famine occasionna
une émeute dans la ville; le peuple se jeta sur
les maisons des gens d'église et y commit de
grands dégâts[2]. A partir de cette époque,
et même depuis 1344, on ne trouve plus dans
les titres locaux de noms ni aucune mention
de maires à Provins, et des lettres de Jacques
Hugues, lieutenant du bailli de Troyes et de
Meaux, données en 1356, à propos de la juridiction des maîtres de la draperie, contiennent cette
phrase significative : « Au veu et sceu des gens
du roy, c'est assavoir du bailli de Meaulx, des
prévostz et maires de Provins, pour le temps que
maire avoit à Provins[3]. »

Le document que j'ai annoncé plus haut n'est
point daté; mais tout indique qu'il se rapporte à
la révolution communale qui fut accomplie à Provins au milieu du xivᵉ siècle. Le scrutin auquel
furent appelés les habitants de Provins et de la
banlieue, dût avoir lieu entre les années 1344
et 1356, dates qui limitent l'époque pendant

[1] *Hist. de Prov.*, t. II, p. 10 à 13.
[2] *Id.*, *ibid.*, p. 16.
[3] Le maire et les échevins de Provins font un accord en
parlement, le 13 juillet 1344, avec un commissaire royal,
au sujet d'un bourgeois soumis à la torture pour crime de
fausse monnaie (Archiv. nation., sect. jud., rouleaux du
parlement, 1ᵉʳ carton, p. 423).

laquelle l'échevinage a cessé d'exister; il explique clairement la suppression du régime municipal. Les listes de votants qui vont suivre sont inscrites sur deux rouleaux en parchemin; l'une a pour titre :

« Ce sont les personnes qui hont esté de la commune de Provins et encor y veulent demorer souz le gouvernement de maires et eschevins; » viennent ensuite cent cinquante-six noms, dont cent quarante appartiennent à Provins même, et le reste à la mairie de Rouilly; un sceau, qui était attaché au parchemin, a disparu.

La seconde liste porte en tête : « Ce sont les noms des personnes, tant habitanz en la ville de Provins, comme demorans ès villages appartenenz à la commune de Provins, lesquels hont esté de ladite commune et en volent estre ors et ors de gouvernement de maires et eschevins et volent estre gouverné de par le roy tant seulement. » Cette pièce contient deux mille cinq cent quarante-cinq noms; seize cent un pour les quatre paroisses de Provins, et le reste pour les mairies annexées à la commune : Voulzie, Chalautre-la-Grande, Rouilly, Fontenay, Courton, Léchelles, Sourdun et Augers. On voit quelques restes d'un sceau en cire.

Je n'ai pas besoin d'insister sur l'intérêt de ces deux pièces, en dehors même du point de vue local. N'est-ce pas une chose curieuse que cet exercice, au milieu du XIVᵉ siècle, du suffrage universel appliqué au choix d'un gouvernement, et que ce résultat du vote, qui donne cent cinquante-six noms à la commune, tandis que deux mille cinq cent quarante-cinq se portent contre elle? Les détails de la liste elle-même peuvent être étudiés avec avantage, soit pour les noms de métiers [1], soit pour les noms d'hommes et de femmes [2] qu'elle renferme; on y remarque le fait d'une agrégation considérable de villages groupés autour d'une ville principale, soumis à son gouvernement, et ayant des magistrats particuliers sous le nom de *maires;* un des votants, Gile le Marreglier expose que *il a esté jusques ci borjois le roy et encor le veust estre, ors de la jurisdicion de maires et de eschevins et ors de prévosté, sauves à li et gardez les priviléges donnez jadis à la commune de Provins.* On voit figurer dans les listes un grand nombre de femmes de tous états, mariées ou veuves; plusieurs d'entre elles ont pour maris des hommes qui ne paraissent point parmi les votants, et qui sont qualifiés *Hommes de prévosté;* il en est, au nom desquelles est jointe cette mention : *à la relacion de son fil;* d'autres votent pour leurs maris dont le nom est suivi de ces mots : *à la relacion de sa femme,* et l'on

[1] J'ai compté plus de cent noms de métiers différents.
[2] Il y a une cinquantaine de prénoms de femmes, qui prennent souvent la désinence *on*, Blanchon, Alison, Marion, Isabelon, Margaron, Mélinon, etc.

trouve à la suite du nom de Guillot Arquaut :
à la relacion de Margaron sa femme, laquele a
juré que il est malades et que, pour ceste cause,
l'a son dit mari faite venir par devan: nous.
Enfin on peut constater, au moyen du document
que je publie, qu'au milieu du xiv° siècle, sur
deux mille sept cent et une personnes, il y avait
encore à Provins environ neuf cents individus
attachés au métier de draperie.

Ce sont les personnes qui hont esté de la commune de Provins
et encor y veulent demorer souz le gouvernement de maires
et eschevins.

Renaut le Damoisel.

Archembaut d'Aucerre.

Haucquin dou Minaige.

Jehan Chamerot.

Guillaume dou Four-Mahen, changeur.

Huet, son genre, changeur.

Girart Chaudron, péletier.

Morau de Blé.

Gile Benu.

Jehan l'Avenier.

Jaquete, f° feu Jehan Billon, v°°.

Jehan de Vérie, drapier.

Jehan de la Granche, taverner.

Alexandre de Voton, drapier.

Dame Luce la Mercière.

Jehan le Fautrier, drapier.

Pierre de Meaulz, drapier.

Nicholas de Coinssi, marchans de lainnes.

Jehan Caro, péletier.

Ysabel, femme feu Eude Brise-Barre, veive.

Johanne, f° Thomas de Coinssi, tavernier, home de prévosté.

Lucas de Paris, borjois de Provins.

Dame Gile la Chiquotée, veive.

Marie, f° feu Jehan Courion, v°°.

Acé Mairesse.

Gile d'Ippre.

Guillemin Dieu l'Amant.

Jehanin le Loup.

Fromon le Cordoennier.

Renaut de Senliz.

Jaque le Bardouillac.

Thomas le Charron, drapier.

Jaquete, f° feu Jehan de Vérie.

Baudin le Maignien.

Jehan Comblot, tavernier.

Crestien Lombart, tavernier.

Jehan Terriet, polrillier.

Jehan Poujoise, mercier.

Jehan Bodet, drapier.

Pierre Trochon.

Jehan Sarrazin.

Thiébaut Maquaire, tanneur.
Pierre l'Archier, drapier.
Jehan le Sauveur.
Jehan Laurent.
Regnaut Tratet.
Jehan Godefroi, de Boy.
Jehan de Berelle, foulon et lanneur.
Philippon le Blanc, drapier.
Baudin de Fontenoi, fromagier.
Margarite de Rolancourt, veive.
Pierre de Viez-Maisons, drapier.
Simon de Gumeri.
Gile l'Enfant.
Hugues de Cuisi, drapier.
Robert Loquart, drapier.
Jehanin le Potier.
Marie Noire, bourjoise, veive.
Geoffrin Symon, couroier.
Richard le Normant, corroier.
Jehan Louisson, chappelier de fautre
Gilon, femme feu Nycholas dou Puis, veive.
Guillaume Brise-Verre, mercier.
Margue la Héricée, borjoise.
Johanne, femme feu Symon de Froit-Mantel, veive.
Jehan de St-Quentin, costurier.
Adam d'Arraz, ferpier.
Éloys dou Papeillon, borjoise.
Jehan le Vilain, chaucier
Pierre Crespi, chaucier.
Nycolas Molet, poissonnier.
Perrin le Costurier.
Adam Ragot, bourjois.
Johanne, femme feu Thiébaut Piot, tavernière.
Milet le Barbier.
Girart le Tapicier.
Nycaise le Tainturier de guède.
Jehan de Clari, bourjois.

Jehanin de Clari, corretier de lainnes.
Pierre Cheno, marcheant d'aumaille.
Tévenin le Bon-Varlet, deschargeur de vins.
Jehan de Senz, mareschaut.
Jehan de Broyes, charpentier.
Dame Jaque de Cormeron, borjoise.
Robin le Navetier, mercier.
Denise de Cloie.
Jehannette de Bar.
Symon Chahot, poissonnier.
Jehannin Longuet, poissonnier.
Jehan Langlois, costurier.
Jehan de Paris, potier d'estain.
Gaillart le Bouchier.
Beau-Jehan, mercier.
Jehan Légier.
Henri dou Minage, marcheant de lainnes.
Jehanin Abigant.
Jehan de Bergues, sergent des foires de Champagne.
Colin de Gastins, bouchier.
Tévenin Blanchart.
Symon le Covreur.
Symon Terchi, tavernier.
Gilon, f° feu Symon de Meaulz.
Jehan de Bar, espicier.
Dame Margue de la Noë.
Guillaume Raymbaut.
Colin Abraham, tixerent.
Dame Jaque de Boolot, à la relacion de P. son fil.
Arnoul le Charpentier.
Jehan de la Maison-Dieu.
Pierre de Bessi.
Henri Lesquot, costurier,
Pierre Trochot, tavernier.
Pierre Crole-Sarpe, guesdonier.

Hutacin le Mesureur, guesdon-
nier.

Symon l'Abbé, tixerent de teles,
demorant à Montigni.

Gile Flamein, drapier.

Pierre de Lesines.

Odin Blanche-Cote, drapier.

Jaquin Naubert, tixerent.

Remy Bridou.

Estiene le Queuz.

Thiébaut de Charoi.

Enot de Changi.

Jehan de Maubege.

Jorre de Vinci.

Garnier de Chaalons, tainturier.

Jehan Cochin le june.

Pierre le Bruteur, poissonn'er.

Aubert de Mont-le-Potier.

Jehanin de Bessi.

Jehan Pinart, couvreur de mesons.

Jehan Taillefer, mareschaust.

Jeubert le Fruitier.

Humbelet le Coleron.

Marguerite la Lorgnesse.

Pierre Pilemer.

Aubertin de la Monnoie.

Jehan Prevostel.

Richart le Chandelier.

Perrin de Milant, boulanger.

La mairie de Roilli.

M° Jehan le Charpentier, de la
Bretonnière.

Colin le Novel-Marié.

Philippon le Normant, bolanger.

Garin Taupin, boulanger.

Agnès de Sézanne, boulangère.

Jehan le Moine, vigueron.

Girart Fusée, bolanger.

Henriet de Chevru.

Nycholas des Bourdes.

Pierre Malpensent.

Deniset de Boolot.

Jaquin Minart, de Morteri.

Jehanin Jefroi, de Senestriu.

Mahiet de Chenoise.

Babelon, femme Tévenin Huré,
homme de prevosté.

Johanne la Melline, de la Chappelle Saint-Nycholas, veive.

Somme toute vii ²² xvi.

[Archiv. nationales, supplém. au
trésor, rouleau en parchemin
J. 771.]

*Ce sont les noms des personnes, tant habitanz en la ville de
Provins, comme demorans es villages appartenenz à la
commune de Provins, lesqueles hont esté de la dite commune et en volent estre ors et ors de governement de maires
et eschevins, et volent estre governé de par le roy tant
seulement.*

La parroiche saint Quiriace.

Thévenin de Sainte Colomme,
foulon et lanneur.

Jehannin Michiel, foul. et lan.

Raolin de Montargis, dit le Vaichier.

Perrin Hébert, vigneron.

Nycholas d'Aubeterre, laboreur
de terres.

Guillemin Aleaume, laboreur de terres.

Jehannin de Noiers, tixerent.

Jaquine, femme Droart, homme de l'ospital.

Guillaume de Cambrès, tixerent.

Adine, femme Johan de Montoier, homme de l'ospital.

Jehan le Coleron, ovrier de arnois à chevaux.

Perrin Viguereux, vigneron.

Perrin de Saint-Homer, tixerent.

Henriet Horaut, tixerent.

Jehan, dit Es-besaces.

Naudin le Brasier,

Naudin de Clofontaine, covreur de maisons.

Gilet Goulart, uylier.

Jehan des Haies, fornier.

Regnier de Velenesse, foulon et lanneur.

Pierre le Leu, tavernier.

Perrin Chardon, tonnelier.

Jehannin de Barbonne, savetier.

Anseel le Barbu, laboreur de terres.

Jaquin Golart, fol. et lanneur.

Marie la Cayne, costurière, femme veive.

Melot de Montoier, veive.

Denisot l'Uilier.

Pierre le Quot, tondeur de dras.

Guillemin Fortin, vigneron.

Jehan de la Hante, tixerent.

Gile le Marreglier dit que il a esté jusques ci borjois le roy et encor le veust estre ors de la jurisdicion de maires et de eschevins et ors de prevosté, sauves à li et gardez les priviléges donnez jadis à la commune de Provins.

Ysabelon, f° Gilet Grele-teste.

Jehannin Esgaré, de Landon.

Jehannin Loschet, foul. et lan.

Henri de Colommiers.

Symonin le Tonneler.

Odin Gornai, lanneur.

Godefroi de Senz, tondeur de dras.

Franquin de Dieu, tixerent.

Pierre de Gouois, pleur de dras.

Perrin le Lorain, péletier.

Babelon, femme Jaquin de Saint-Remi, homme de prévosté.

Babelon, f° Jehanin de Gouois.

Jehannin le Lorain, ferpier.

Jehan, dit le Mestre, de Vodai, tixerent.

Perrin le frère Noel, dit Boudret, tondeur de dras.

Guillemin, dit Chanterel, costurier.

Jehannin Pojoise, costurier.

Perrin de Beleville, tixerent.

Colin le Hucher, de Joy.

Babelon, femme Jehan de Yaux, tavernière.

Perrin Chaut, de Baler, tavernier.

Robin, dit Guetet.

Jehannin, dit Rebardel.

Nycholas dou Four, dit Couyn, tixerent.

Jehan de Soilli, folon et lanneur.

Martin Cornu, folon et lanneur.

Jehan le Barbier.

Perrin le Bois, foulon et lanneur.

Jean Mahi, vaichier.

Ysabel, femme Pierre de Gouais.

Jehan Boussart, foulon et lan.

Jaquin le Péletier.

Hebert Quarrel, vigneron.

Jehanin le Père, vigneron.

Jehan dou Bois.

Jehannin de Marroles, foulon et lanneur.

Perrin Pelicon, corroier.

Jehan Maigredox, marcheant de fer.

Guillot le Normant, foul. et lan.

Perrin le Charretier, demorant au Puis-le-Conte.

Jehanin de la Sale, tavernier.

Berthelet le Bergoin, tavernier.

Thomas Poogel, huchier.

Jehanin de Champguion, arçonneur.

Jehan Glaget, vigneron.

Jehan Guion, de Montoier, vign.

Jehannet, dit le Marié, lanneur.

Guillemin Borjois, lanneur.

Perrin le Champenois.

Jehannin le Costurier, dou Martrai.

Henriet Guignart, de Montoier.

Jaquin Verjus, foulon et lan.

Tévenin le Chardonneur.

Robin de Pruilli, folon et lan.

Jobert le Bateur de lainnes.

Jehannin Noquot, charpentier.

Odin Coffinel, tavernier.

Thiébaut le Branchat, foulon et lanneur.

Gilet de Challeville, chavetier.

Perrin, dit le Saige.

Hugues de Verzelai.

Deniset le Charron.

Regnaut de S. Jut, foul. et lan.

Jehannin Pipart, vigneron.

Otenin le Costurier.

Drouet Frasier, tixerent.

Perrot Champenois.

Jehan Coffinel, vigneron.

Jehanin Rochart, boucher.

Jehan Galot, tixerent.

Jehanin le Quoquetier, charret.

Jehan le Barbier.

Gilet de Fontenoi, tixerent et tavernier.

Martin Loison, foulon et lan.

Jehanin de Chenoise, foul. et lan.

Guillemin de Rouille, tixerent.

Gilet Gorjat, tixerent.

Galot de Chevru, tondeur de dras.

Perrin le Doyen, vigneron.

Jehannin Coffinel, vigneron.

Michel de S. Jehan, vigneron.

Thomas le Maçon.

Gilet le Perrier.

Baudin le Maçon.

Jehan Naudet, huiler.

Henriet Coffinel, vaicher.

Guillaume le Normant, foulon et lanneur.

Gilet Grele-teste, tixerent.

Amanjon la Barrenone.

Agnès, femme Symonin le Borjois, homme de prévosté, dit Perceval le Tixerent.

Delinon, femme Jehan le Large, homme de prévosté.

Michel Rabot, tixerent.

Jehannin Mari-riant, parcheminier.

Jehanin dou Courbier, tixerent.

Gilon la Ardie.

Meline, femme Guillemin Moine, d'Auce.

Thévenin le Coleron, borrelier.

Parisé la Bergoigne.

Jehan le Faisent, tixerent.

Colin Pepin, foul. et lan.

Jehan de Glaiss, tixerent.

Jaquete fe Thévenin de Chalemeson, he de prévosté.

Perrin Orne, parcheminier.

Perrin le Camus, de Viez-maisons, tixerent.

Perrin de Monz, tixerent.

Jehannin Grole, tixerent.

Perrin le Normant, foul. et lan.

Thiébaut de Chenoise, foulon.

Guiot de Toquin, tixerent.

Martin de Meri, mengeicier.

Perrin Godelisse, tixerent.

Johanne, f° Estiene le Pelé, lan.

Robin Fouacier, foul. et lan.

Jehan Poi-cortois, tixerent.

Jehanet le Perrin.

Denisete, femme Jaquin ès-Flagiaux, homme de prévosté.

Perrin Croe, tixerent.

Babelon la Chargoce, veive.

Thiébaut le Gloriat, arçonneur.

Symon de Marnai, tixerent.

Guillaume dou Gaut, vigneron.

Thiébaut de Babiz, foulon et lanneur.

Michel de Choisi, tixerent.

Jehannin Charcuite, tixerent.

Martin de Durtain, mengeicier.

Jehan Briois, foulon.

Raolin l'Uilier, arçonneur.

Jehannin Oisel, foul. et lan.

Jehannin le Mangeur, sarteur.

Gacet le Mangeicier.

Jehannin de Chesi, tixerent.

Jehanne de Chambli, f°. v°.

Perrin de Saint-Aoul, tixerent.

Guillemin d'Aunai, parcheminier.

Guillemin le Convers, parchem.

Perrin Coterel, tixerent.

Jaqueron de la Taille, veive.

Jaquin le Parcheminier, de Durtain.

Thieton de S. Just, pigneresse.

Perrin Henebot, cortillier.

Piche, dit le Forbeur, tanneur.

Richart le Normant, tixerent.

Alexandre de Durtain, mangeicier.

Perrin de Fontaine-Pepin, tixerent.

Perrin de S. Loup, foulon.

Jehan Midou, parcheminier.

Jaquete la Francese, femme P. de Chesi, homme de prévosté.

Jehannin Heliet, tanneur.

Colart de Reins, parcheminier.

Jehanin de S. Jehan, tixerent.

Michel de Chenoise, tixerent.

Jehannin de Ponmolin, tix.

Johanne, femme Henri de Feligni, homme de prévosté.

Perrin l'Asnier.

Jehanin Quarrel, vigneron.

Guillemin de Colomiers, tix.

Perrin le Bateur de lainnes.

Perrin Coffinel, vigneron.

Jehan, dit Derroie, tixerent.

Jaquin le Roussel, cortillier.

Perrotte, femme Tévenin Barder, homme de prévosté.

Colin le Relieur de enaps.

Pierre le Roige, vigneron.

Jehanin le Covreur d'estain, guedonnier.

Gauchier de Dro, vigneron.

Jehannin Pirou, lanneur.

Thiébaut Carlier, foul. et lan.

Ragot le Terrier.

Jehannin Sacre, foul. et lan.

Jaquin des Vaux, tond. de dras.

Guiot de Colommers, tixerent.

Guillemin le Normant, drap.

Jehanin Navet, vigneron.

Guillot Veoit, vigneron.

Perrote, femme Jaquin d'Aucibert, homme de prévosté.

Odin Loschet, lanneur.

Colin Chapon, lanneur.

Jehannin le Liévre, foul. et lan.

Jehanin dou Valot, foul. et lan.

Robin Chobert, parcheminier.

Jaquin le Fourbisseur.

Odin Saget, lanneur.

Jehannin de Valances, foulon et lanneur.

Hugues le Tixerent.

Colin Gravier, tixerent.

Berthe, fᵉ Guiart Roquen, vaicher, hᵉ de prévosté.

Jehan de Reins, tanneur.

Jaque le Grele, cortiller.

Jehan le Grant, tixerent.

Thévenin Paiot, foul. et lan.

Jehan de Balehan, barber.

Johanne, femme Jehanin Paicn, homme de prévosté.

Jehanin Andriau, vigneron.

Jehanin dou Chastel, tixerent.

Hiohic le Savetier.

Adenin Peluet, foul. et lan.

Pierre le Bergier.

Jehanne la Bodresse, veive.

Adam dou Martrai, covreur de maisons.

Jehan de Reins, tanneur.

Deniset de Boy, foul. et lanneur.

Perrin de Chenoise, arçonneur.

Jehan Adin, péletier.

Pierre de Boy, drapier.

Jehanin de Chevru, foul. et lan.

Colin Hoe, vigneron.

Deniset de Boy, foul. et lan.

Henriet Cornu, drapier.

Jaquin de Langres, fol. et lan.

Garin de Flaci, cortillier.

Jehanin de Val-Jouet, tixerent.

Symon de Val-Johan, folon et lanneur.

Michelin dou Bois-Dieu, tix.

Jaquet Aubertin, lanneur.

Meline la Davene, veive.

Jehanin Cochet, fol. et lan.

Jehan le Verrier, pleur de dras.

Nycholas Caillier, drapier.

Guillaume, dit le Faucheur, folon et lanneur.

Jehanin Solaz, vigneron.

Girart le Borgoin, foul et lan.

Jehannin de Drolis, tixerent.

Robert de Malle, drapier.

Jehan Chaorsse, péletier.

Guiot de Neele, foul. et lan.

Girart de Verdun, arçonneur.

Jehanin Huvet, tixerent.

Jeufrin le Chapellier.

Henriet le Rancien, corretier.

Chappellet le Gaigne-maaille.

Jehanin des Murs, foulon.

Jehanin Frement, courtiller.

Jehanin le Barrois, foulon.

Regnaud la Caille, foulon.

Macé des Roies, courtiller.

Jehanin de Joy, tixerent.

Jehanin le Vachier, lanneur.

Robin le Péletier.

Jehanin Guédon.

Regnaudin le Lorcin, bateur de lainnes.

Babelon la Galopine, veive.

Robin de Rosai, péletier.

Jehanin Chapuiset, tixerent.

Jaquet, fᵉ Jehanin Girart.

Jehanin Noel, tixerent.

Anseel de la Ville-neuve, lanneur, à la relacion sa femme.

Perrin des Gardes, foul. et lan.

Guillemin Bigant, tixerent.

La parroiche Saint Père.

Gile Roiche, tixerent.

Raoul de Bovaul, lanneur.
Jehan de Pontisiaux, tix.
Perrin le Convers, tixerent.
Estiene Hocete, tixerent.
Jehan Brido, foulon et lanneur.
Perrin de Lesines, foul. et lan.
Perrote, femme Perrin Grain-d'orge, homme de prévosté.
Jehannin le Camus, de Champ-guion, foulon.
Feliset de Babi, tixerent.
Jehan Bricet, tixerent.
Jehannin le Covreur, huilier.
Herbin de Laon, savetier.
Jehanne la Mitenière, f⁰ Colin Grain-d'orge, h⁰ de prév.
Guillaume de la Chappelle, tix.
Feliset Rousselet, tixerent.
Jaquin de Viserville, tixerent.
Perrin Bertaut, tixerent.
Havelon la Champenoise, vᵛᵉ.
Girart de Rampeillon, foulon et lanneur.
Jehannin Constant, foul. et lan.
Jehannin de Ville-cendrier, foul.
Adam des Bordes, tixerent.
Robin le Durgue, arçonneur.
Denise, femme Jehan de Saint-Morise, homme de prévosté.
Macisset dou Bois, tixerent.
Baudin Maillefer, tixerent.
Jehan de Trois Maisons, tixerent.
Gilon, femme Perrin de Chale-mesons, homme de prévosté.
Domanchin de Claron, foulon et lanneur.
Thomas le Normant, fol. et l.
Thiébault de Chanai.
Simon de Lesines, tixerent.
Perrin de Gouois, tixerent.
Hevelon, femme Gilet de la Queuz, homme de prévosté.

Raolin de Sauvigni foul. et lan.
Milet le Borgoin, foul. et lan.
Martin de Rampeillon, foul. et l.
Odin de Mal-regart, tainturier.
Thomas le Coiffier, téleron.
Jehannin de Paci, foul. et lan.
Johanne, femme Pierre de Mon-glat, homme de prévosté.
Odenin Rouse, lanneur.
Meline, femme Jaquin Chauche-pié, homme de prévosté, dit Alaire, tondeur de dras.
Perrin de Dieu, tixerent.
Thévenin de Becherel, tixerent.
Meline, femme Feliset le Costu-rier, homme de prévosté.
Martin Gelée, foul. et lan.
Pierre de Coinssi, marcheant de lainnes.
Jehannin le Covreur, de la Mai-son-Dieu.
Perrin de Baucheri, tixerent.
Regnaut Grosse-teste.
Perrin l'Oiseleur, foul. et lan.
Pheliset l'Escrivein.
Pierre Mal-le-vault, drapier.
Colin le Quotonneur.
Jehan Blanche, drapier.
Denise Pacier, drapier.
Jehan de Guines, drapier.
Adenin de Cloie, tixerent.
Garnier de Vilaines, foul. et lan.
Guillemin le Charron, foul. et lan.
Jehan le Piquart, drapier.
Jehan de Mal-regart, drapier.
Jehannin Quarre, sellier.
Alexandre le Chappellier de faustre.
Bietriz la Chaufferesse, veive.
Perrin le Jaune, tixerent.

Thévenin le Vaicher, tixerent.
Guiart le Bazannier.
Perrin le Savetier.
Emole, barbier.
Marquelin le Cothelier.
Guilemete, fᵉ feu Mᵉ Brun le Coteler, veïve.
Herart, son fil.
Lemire, potier.
Marion, femme Gilet Chevalier, homme de prévosté.
Nycholas le Maréchal.
Thiébault le Mareschal.
Pierre de Nogent, bolanger.
Jehan de Chalaute, tixerent.
Jehan de Chalon, lorimer.
Perrin Coillebaut, foul. et lan.
Jaqueron, femme Pierre Jobert, homme de prévosté.
Jehannin Naudet, frutier.
Robin de Charni, foul. et lan.
Gilet de Rampeillon, foul. et l.
Jehannin de Saint-Jut, foul. et lan.
Jehannin de Chalexte, tix.
Jehannin Turrin, foul. et lan.
La femme Jehannin de Moran, homme de prévosté.
Odin Trichet, tainturier.
Thomas, dit le Faucheur, tondeur.
Perrin le Normant, foul. et lan.
Adenin de Paris, mesureur de blé.
Anseel le Tainturier.
Coulin de Rethel, foul. et lan.
Jehannin le Gaigne-maaille.
Jehannin le Champenois, tix.
Thiébault le Lanternier.
Estiene Babin, foul. et lan.
Laurent de Buignon, foulon.
Jehan Margois, tix.

Jehan Sarcei, tixerent.
Thieton, fᵉ feu Odet de Joy, vᵛᵉ.
Gilet Forre-semele, tix.
Jacquin Pincart, tix.
Berthelet de Beton-basoiches, tix.
Regnaut le Pelletier.
Thévenin de Parai, tix.
Bricet de Mellenfroi, arçonneur.
Jehannin de la Fontaine, tix.
Jehan Bruillart, foulon.
Jehan de Ganz, gaynier.
Robin Urlot, lanneur.
Jehanin de Longue-ville, lan.
Auban Ceri, tix.
Perrinet le Ferpier.
Gilebert de Challeville, péletier.
Jehannin le Piquardat, tix.
Jehan le Charretier, tix.
Perrin de Meaulx, tix.
Richart l'Écrivein.
Jehan la Garde, tixerent.
Maistre G. le Mire.
Perrin de Saint-Just, foul. et lan.
Colin de Montigni, folon.
Jehannin de Tiremont, tix.
Garnier le Covreur.
Colin de Chartres, costurier.
Thomas des Foussez, tix.
Feliset de Changi, tix.
Feliset de la Ville-neuve, foul. et lan.
Jeubert de Bannox, foul. et lan.
Henri le Fermagier.
Jehan Charcuite, tix.
Jehan de Citares, tix.
Huart le Potier.
Gilet de Colaon, costurier.
Thierri de Maubege, tix.
Johanne, fᵉ Jaquin de la Viez-ville, hᵉ de prév.
Gervaise le Costurier.

Perrin de Monz, foul. et lan.
Jehan de Adin, péletier.
Perrin de Baudement, foulon et lanneur.
Jehannin Grilet, arçonneur.
Jehannin de Torigni, lanneur.
Regnaut, dit Beaupigne, tix.
Jehannin, dit Frère-douz, foul.
Perrin de Chenoise, huilier.
Thévenin, dit le Chat, tondeur de dras.
Pierre le Chalonge, drapier.
Adam Éliet, drapier.
Thévenin l'Espotele, foul et lan.
Jaque de la Broce, tixerent et drapier.
Guillaume de Varailles, tix.
Henriet le Gibacier, lanneur.
Jehan Giraut, lavandier.
Milet le Péletier.
Guillaume de Lanz, tixerent.
Robert le Tondeur.
Poincet le Cordoennier.
Gilet le Barbier.
Guillemin le Costurier.
Richart le Costurier.
Symonet Blondel, cuvelier.
Gilet Betout.
Jehannin l'Alement, péletier.
Odeon de Challeville, fᵖ P. Lacier, hᵉ de prév.
Jehannin Coignet, arçonneur.
Thomas de Meaulz, tainturier.
Gilet le Cartois, lanneur.
Jehannin d'Esternai, foulon.
Jehanin Canat, lanneur,
Odin le Batteur de lainnes.
Jehanin le Chandelier.
Jehannin de Tornai, recloeur.
Jaquin le Prestre, foul. et lan.
Perrin le Costurier.
Jehan Ésart, pleur de draps.

Maistre Jehan le Pointre.
Girardin le Chappellier.
Vienet le Costurier.
Baudet le Mercier.
Colin de la Groe, foulon.
Laurent des Cortuils, foul. et lan.
Michelin de Fontaine-Macon, costurier.
Jehanne la Totiaude, veive.
Regnaut Saillet, tix.
Gilet de Chanetron, savetier.
Jehanin de la Ville-Neuve, lan.
Jehanin Judas, foul. et lan.
Aubert de Vincele, foul. et lanneur.
Johanne. fᵖ Guillemin de Poligni, nᵉ dᵖ prév.
Jehan de Savigni, foulon.
Symonꞔꞔ le Checi, arçonneur.
Gilet de Saint-Loup, tixerent.
Colin de Curssenai, tix.
Gilet le Lorein, foulon.
Jaquin des Osiers, tix.
Guiot le Taboreur.
Gautier de Fontaine-Beton, foul. et lan.
Margaron, fᵖ P. de Joy, hᵉ de prév.
Laurent le Savetier.
Agnès la Jaquemine, veive.
Jehan le Lièvre, tix.
Perrin Malconfes, péletier.
Jehanin de Nangis, péletier.
Adam de Savins, foul. et lan.
Jaquin de Rampeillon, arçonneur.
Marie, fᵖ Colin de la Chapelle, hᵉ de prév.
Guillemin le Oulier, tix.
Pierre Alaire, foul. et lan.
Perrel le Cothelier.

Regnier de Reins, bateur de lainnes.

Colin Bedoyn, tix.

Thiébault Crestien, tixerent.

Henri le Péletier.

Guillemin Crestien.

Jehannin Botiquer, foul. et lan.

Honoré le Forbisseur.

Hebert Baiart, fol. et lan.

Jehanne de Senz, veive.

Milet Caorssin, bolanger.

Jehan Marcheboe, bolanger.

Jehan de Boissi, tix.

Thierri de Tornai.

Gilet de Bosancois, bolanger.

Colin de Loureci, tainturier.

Jaque Mallevault.

Agnès, f° Jehan Lordel, h° de prévosté.

Guiot d'Esclavole, lanneur.

Jehannin Ailleri, tixerent.

Colin Guillart, tix.

Perrin de Missi, tix.

Jehanin de Longue-ville, foul.

Jehanin Huet, foulon.

Marguine, f° feu Jehanin le Foulon.

Philipon l'Alement, fournier.

Thomas Nervet, tix.

Jehannin Baiart, foulon.

Henri le Tablier.

Robin Josiau, foul. et lan.

Jehanin Legier, lanneur.

Jehanin Renier, foul. et lan.

Jaquin Damanse, foul. et lan.

Pierre de Bordenai, lanneur.

Huet de Vilaines, lanneur.

Colin de Villiers, foulon.

Jaquet le Tixerent de tailes.

Thévenin le Dru, chappelier.

Guillemin le Tondeur.

Adam de Courfferris, lanneur.

Mayet le Mercier.

Huet de Paris, savetier.

Berthelin le Tixerent.

Jaquin le Savetier.

La parroiche Ste Croiz.

Félise la Barbière, veive.

Ysabel, f° feu Jehan Derbi, v°.

Margaron, f° Jehan le Uylier, h° de prév.

Huedelet le Bergoin, foul. et lan.

Perrote, f° Guiart de Marivois, h° de prév.

Jaquemin de Beauviset, tix.

Jaquin de Humoi, bateur de lainnes.

Osenon, f° Jehannet Surget, h° de prév.

Perrote, f° Jehanin Macuet, h° de prév.

Perrin de Fontenoi, foul. et lan.

Gilet de Meaulz, péletier.

Garin des Estaux, tixerent.

Jehanin Blanche, tix.

Jehanin de Chinon, savetier.

Jehanin Banni, tondeur de dras.

Perrin Espaulart.

Pierre de Cerisiers, tainturier.

Guillaume de Fontaine Macon, tondeur.

Perrin Bernier, savetier.

Jehanin de Montenfoin, tix.

Noël de Monciaux, tix.

Girbert l'Alement.

Jehannin Richart, pasticier.

Thévenin de Chastenai, foulon.

Perrin de Lunai, tix.

Regnaut Lope, tixerent.

Jehan le Piquart, regratier.

Jehannin le Cordoennier.

Jehannin de Chaalons, foul. et lan.

Jehan des Curtuils, tix.
Symon le Cuvelier.
Michel Cadet, fol. et lan.
Jehanin Bernier, savetier.
Girbert Houcart, foulon.
Robert dou Malle, tixerent.
Jehan dou Monde, costurier.
Jehanin de Chalmeson, tix.
Perrin le Piquart, lanneur.
Jehanin de Mautro, tix.
Robin Godefroi, tixerent.
Gilon, fille feu Herbin le Chau-
    cier.
Thiébault de Mellenfroi, arçon-
    neur.
Jehanin de la Mole, tixerent.
Jehannin Cheminot, folon et
    lanneur.
Colin Ordelet, tainturier.
Jehannin, dit le Lanneur, tix.
Deniset de Dignis, tixerent.
Michiel de Popelines, drapier.
Jehanin Noiret, foul. et lan.
Thévenin Raymbaut, arçon-
    neur.
Michiel, dit Gastelier, drapier.
Thévenin de Brie, arçonneur.
Thiébault de Mormelon, tain-
    turier.
Milet de Ferrion, tapicier.
Jehan Petaul, drapier.
Pierre Pichonnel, foul. et lan.
Perrin dou Four, tixerent.
Jaquin de Digni, foul. et lan.
Symon de Viez Champaigne,
    foulon et lanneur.
Jehan Huilet, drapier.
Perrote la Costurière.
Jaquin de Chaatres, savetier.
Colin Huraut, tix.
Girbert Lesquot, drap. et tond.
Jehanin la Poe, foul. et lan.

Jehanin Guibert, quotonneur de
    dras.
Baudet le Énapier.
Blanchon, f^e feu Thiébaut des
    Saucez, veive.
Ansel de Boussi, fol. et lan.
Adenin le Buat, foul. et lan.
Perrote, f^e Colin d'Orli, h^e de
    prévosté.
Berthelin de la Margotière, tix.
Jehan de Moineuse, foul. et lan.
Dame Jehanne de Vodoi, veive.
Thévenin de Chante-Cot, foul.
    et lan.
Perrin Jociaus, lanneur.
Vion le Lorein, péletier.
Jehanin de Meaulz, péletier.
Jaquin le Péletier.
Jaquin Culdieu, chaucier.
Thomas le Piquart, péletier.
Jehanet Prais, tixerent.
Odart le Ferpier.
Margue de Clairevaux, veive.
Henri le Moleron.
Perrote, f^e Hérart dou Minage,
    h^e de prév.
Jehan de Meaulz, barbier.
Milet le Savetier.
Perrin Savetet, boichier.
Jehan de Clameci, savetier
Guillaume Frémost, bouchier.
Johanne, femme G. de Vertu,
    homme de prévosté.
Jehannin le Moustardier, bolan-
    gier.
Jehan Clement, bouchier.
Prieur le Chaucier.
Jehan le Camus, savetier.
Ameline, f^e Liénart le Cuvelier,
    h^e de prév.
Thiébault Cholier, tixerent
Odin le Gautier.

2

Melon, f^e feu Me Jehan de Chalestre.

Guillaume Frémost le jeune,
boucher.

Jehanin Girart, bouchier.

Johane, f^e feu Perrin Girart,
veive.

Robin Tatereul, péletier.

Henri l'Alement, costurier.

Jehanton de Chaalons, basen-
nier.

Jehan Pichon, espicier.

Guillemin l'Alement, lanneur et
pleur de dras.

Huet le Petit, savetier.

Guiot d'Avalon, bazannier.

Colin le Savetier.

Perrin Tormant, tixerent.

Jehanin Hevelot, tix.

Jehannin Tirot, tix.

Alart de Saint-Sauveur, tix.

Regnaut le Ferpier.

Berthelot le Barbier.

Jehannin le Vannier.

Jaquin Pitois, faucheur.

Jehannin le Faisent, tixerent.

Meline, f^e Gilet de Chevru, h^e de
prévosté.

Michel le Fevre.

Guillemin de Bruges, tix.

Girart dou Meignil St Loup,
drapier.

Thomas le Cort, tixerent.

Jaquin le Barrois, tix.

Richart le Coleron.

Michel le Bazennier.

Jehanin le Cornu, savetier.

Perrote, f^e Jehan Crole-barbe,
h^e de prév.

Johanet de Chenoise, tix.

Jaquin Blanche, tix.

Odin de Drolis, tix.

Johanne, f^e Girart dou Plessie,
h^e de prév.

Gilet de Beaufort, tixerent.

Jaquin de Mitai, tix.

Ysabel dou Merlot, veive.

Symonin dou Mode, tix.

Lucienne de Bannox, f^e Thomare
Dars, h^e de prév.

Pierre l'Esculier.

Odin Navarre, tix.

Jehan Moreau le Faucheur.

Thévenin Cuet, tixerent.

Jehan de Paris, serreurier.

Perrin des Places, tix.

Adenin Quoquelet.

Jaquin le Mole, tixerent.

Richart d'Arraz, tix.

Jehanin de Villegruis, tix.

Jehanin Pelé, tix.

Gilon de Rampeillon, f^e Jehan
de Voton, h^e de prévosté.

Elvis de Veronges, veive.

Garnier des Bourdes, foul. et lan.

Symon de Jouy, tix.

Jehannin Chevalier, tix.

Jehan Galot, tix.

Gonnesse le Fourbisseur.

Jaquin le Deschargeur de vins.

Jaquin, dit le Péletier, lanneur.

Jaquin de Villiers-Adam, lan.

Jehannin de Villiers, lan.

Jehannin Saichet, foul. et lan.

Thévenin de la Hante, foul. et
lan.

Guillemin Saichet, foul. et lan.

Girart de St Loup, foul. et lan.

Jehanin de Bar sur Aube, foulon.

Thomas Boivin, saireurier.

Jaquin Briquot.

Macé de Senci, foul. et lan.

Jehan, dit le Courtillier, orangier.

Gilet de Pont-Benoit, tix.

Crespin l'Ordel.

Jehanin de Vouton, foul. et lan.

Monin le Lorain, foul. et lan.

Jaquin de Douai, tix.

Thiébault le Charpentier.

Guillemin de Bernart, péletier.

Andriet le Lavandier.

Jehan le Bergoin, lanneur.

Jehan Lami, foul. et lan.

Jaquin des Chasteigners, foulon et lanneur.

Colin le Fremiat, foul. et lan.

Guillemin de Dontilli, foul. et lan.

Johanne, fᵉ Jehan de Marche, boicher, hᵉ de prévosté.

Johanne, fᵉ Colin de Mesabon, hᵉ de prév.

Andriet le Cordoennier.

Jehanin de Chastiau-dun, costurier.

Guiote la Chaorssine, veive.

Jaquete de Tiercelieu.

Robin de Voton, tix.

Jehan Vignorri, tixerent.

La fᵉ Droet de Doy, jaugeur, hᵉ de prév.

Jehannin Haimère, tix.

Gilot de Bannox, fol. et lan.

Jehanin le Chandelier, foul. et lan.

Girart dou Menil Sᵗ Loup.

Jehanin de Vignes, fol. et lan.

Robin Etarde, foul et lan.

Jehanin Pissart, fol. et lan.

Michel de Remeru, foul. et lan.

Gauchier le Gantier.

Rogier le Normant, foul. et lan.

Thiébault de Veci, tainturier de roige.

Henriet des Etranes, foul. et l.

Jehannin le Mitenier, foul. et l.

Jehanin le Portier, foul. et lan.

Adenin de Chalaute, tix.

Perrin de Pinot, lanneur.

Jehannet le Camus, lanneur.

Jehanin Savore, tondeur de dras.

Estiene de Cloies, foul et lan.

Thiébault de Jouy, foul. et l.

Jehanin de Closfontaine, foul. et lanneur.

Thomas de Jouy, foul. et lan.

Thévenin de Comerci, foul. et l.

Jehannin Coupaut, dou Pleissie

Droyn des Ormes, tix.

Meline, fᵉ Colin le Grant. hᵉ de prév.

Gilet le Jaune, foulon.

Marion, fᵉ Jehanin de Monz, hᵉ de prév.

Estiene Macé, traheur de denz.

Jehan de Ponz, dou Mellot. drap.

Perrin dou Monde, lanneur.

Gilet Flaguet, tix.

Thiébault de Saint-Fiacre, foul. et lan.

Jehannet la Gestre, charbonnier.

Perrin Petit-bon, tainturier.

Jehannet le Plastrier.

Odin de Saint-Just, foul. et l.

Thévenin des Ormes, péletier.

Hugues le Tondeur de dras.

Baudier de Daoul, costurier.

Colin le Bateur de lainnes.

Jaque Aguillete, costurier.

Pierre de Chaumont, tondeur de dras.

Jehanne, fᵉ feu Jehan de Sézanne, vᵛᵉ.

Jehanin de Bele-noe, navetier.

Johane, fᵉ Jehan de Mauni, hᵉ de prév.

Ysabelon, fᵉ Girart d'Aubez, hᵉ de prév.

Marie, f° Jehan de Tassi.

Maron de Sainte-Croiz.

Jehan de Sainte-Croiz, pasticier.

Marion la Vassette, f° Robert de Chamboiau, h° de prév.

Girart le Chaucier.

Guillemin le Maignen.

Guillaume de Saint-Denis, huilier.

Serin de Potangi, savetier.

Ysabelon, f° Adenin le Potier, costurier.

Thiébault le Maignen.

Andriet le Filochier.

Jehan Clere-Vehue, tavernier.

Garin de Chaatres, pleur de dras.

Jaquin le Maignen, de Sordn.

Jehanin de Gastins, foul. et lan.

Jaquete l'Obloière, veive.

Jehanne l'Obloière, f° J. l'Oblier, h° de prév.

Jehan de Saint-Florentin, foul. et lan.

Perrin de Moustier-Arramé, maignen.

Mahaut, f° Thiébaut le Deschargeur, h° de prév.

Adenin Chopine, tourcheur.

Jehanet Gontier, foul. et lan.

Hugue le Deschargeur.

Jehan le Potier, lanneur et cotonneur.

Ysabel la Marrole, veive.

Jehanin Coulon, tixerent.

Symon de Jaune, lanneur.

Jehanin de Mormelon, tainturier.

Pierre le François, tix.

Geoffroi d'Esparnai, tainturier.

Colin de Planci, tainturier.

Gautier de Louressin, taint.

Colin de Bannox, tix.

Guillemete, f° Jehan de Brai, h° de prév.

Adeline, f° Testart, h° de prév.

Godefroi le Fosseur.

Ysabelon de Santelier, veive.

Perrin de Chablies, fermager.

Colete, f° Jehanin Char-de-beuf, h° de prév.

Jaquin de Sainte Cire, cordoennier.

Gilet de Basoches, foul. et lan.

Jehan Herpiau, vigneron.

Jehan le Lacetier, mercier.

Duran de Chaalons, telonier.

Jehanin Bonne, gaigne maaille.

Baudin de Bannox, mercier.

Johanne, f° feu Jehan Yver, veive.

Pierre Haier, vigneron.

Jehan Daridan, vigneron.

Jehannin le Clerc, vigneron.

Jehanin le Page, foul. et lan.

Perrin le Mire, cirorgien.

Jehannin Tirou, vigneron.

Deniset de Bannox, fol. et lan.

Jehanne, f° Thévenin de Chaverni, h° de prév.

Macé Herpiau, vigneron.

Guillemin le Bolangier.

Raolin de Creve-Cuer, tix

Jehanin Tierri, tondeur de dr.

Jehanin de l'Espine, bouchier.

Jehanin la Quiate, bouchier.

Perrin le Péletier.

Girardin le Lorein, gaigne obole.

Regnaut Trippart, costurier.

Perrin de Chastenai, folon.

Gilon, f° Symonin de Sari, h° de prév.

Pierre de Senci, tixerent

Gilet Chevalier, foul. et lan.

Jehan des Vaux, tix.

Thiébault Malmire, tix.

Martin le Paveur, vigneron.

Jehanin Champ-d'erbe, taboreur.

Jehanin Garde-en-bois, bateur de lainnes.

Symonin de la Monoie, tix.

Jehanin le Roy, tix.

Jehanin le Rousselet, tix.

Jehanin de Chasteillon, foulon et lanneur.

Perrin le Deschargeur de vins.

Jehanin Mahaut, tix.

Jaquin de Justigni, tixerent.

Perrin Daier, vigneron.

Jehanin de Dignis, tix.

Girart le Mareschal.

Raoul Fréron, de Feligni, vigneron.

Gilon la Bolangère, veive.

Jehane la Hémarde, veive.

Perrin de Poigni, tix.

Perrin Gastebois, charpentier.

Johannin de Justigni, tixerent.

Jehan Vieur, foul. et lan.

Jehan Fréron, vigneron.

Jehan Grele, vigneron.

Colin de Chevru, foul. et lan.

Robin le Covreur.

Regnart de Royer, tix.

Pierre Gaion, foul. et lan.

Jehan Chardon, foul. et lan.

Jaquete de la Berthonnière, veive.

Macé de Vilet, foul. et lan.

Jehannin de Misseri, foul.

Perrin Raoul, vigneron.

Aliçon la Jaune.

Jaque Felordel, pleur de dras.

Feliset le Bateur de lainnes.

Adeline, f^e feu Jehan dou Puis, veive.

Jehanin de Monz, tixerent.

Jaquin Garnier, tix.

Émenjon, f^e feu Symon de Buignon, v^{ve}.

Colin de Chastiaulandon, tix.

Émaujon, f^e Pelicon le Tixerent, h^e de prév.

Hevelet, f^e Jehanin Malgarni, homme de prévosté.

Jehanin Sireul, foul.

Perrin Tetart, foul. et lan.

Sainton, f^e Arnoul Vaultens, h^e de prév.

Perrin de Vouton, fol. et lan.

Jaquin de Mormelon, foul. et lan.

Pariset le Bergoin, lan.

Babelon, f^e Feliset le Toudeur, h^e de prév.

Thévenin le Bergoin, foul. et lan.

Baudin Colommel, foul. et l.

Michiel de Tilli, foul. et lan.

Gervaise le Maçon.

Thiébaut Bon-ami, ferpier.

Philipon de la Chappelle, tondeur de dras.

Jehannin de Sordu, lanneur.

Jehannin Huet, fol. et lan.

Thiébaut de Tilli, foul. et lan.

Jehannet Quarre, foul. et lan.

Regnart de Millande, foul. et lan.

Jehan Yvonet, foul. et lan.

Perrin dou Monde, foul. et l.

Perrin Laloe, tix.

Herart le Tondeur de dras.

Méline, f^e Jaquin le Maire, h^e de prév.

Droet de Beauvez, foul. et lan.

Perrin de Parz, arçonneur.

Perrin de Senceiz, tix.

Marie, f° Symon de Jemulier, h° de prév.

Jehanin le Champenois, foulon et lanneur.

Girart le Malot, fol. et lan.

Philippon Crete, foul. et lan.

Martin de Savigni, foul. et l.

Perrin le Lonc, foul et lan.

Margaron, f° feu Jehanin Vincent, vᵛᵉ.

Babeline, f° feu P. le Mesureur, vᵛᵉ.

Hebert Coignet, foul. et lan.

Milet, dit le Moustardier, tix.

Deniset Brunel, tainturier.

Colin la Poe, foul. et lan.

Jehan de Lorme, cordoennier.

Jehannin de Boy, foul. et lan.

Perrin Chevalier, lanneur et arçonneur.

Symon Travail, arçonneur et lanneur.

Jehan Pile, foul. et lan.

Perrin Megrier, foul. et lan.

Guillaume de Salins, huilier.

Adeline la Bergoigne, veive.

Margarite de Pigi, veive.

Colinet Roncin, tixerent.

Pierre le Bergier, drapier.

Girart Foe, folon et lanneur.

Pierre le Chatreur.

Clément Daci, foul. et lan.

Jaquin le Roy, covreur de maisons.

Jaquin le Covreur de maisons.

Guiot Cochu, tix.

Henriet le Boolet, tix.

Jaquete la Chandelière.

Isabel de Drolis.

Jehanin de Champguion, barbier.

Jehanin de Boelle, tix.

Jaquin de Remoilli, fol. et lan.

Jehanin Benoit, foul. et lan.

Gilet le Maignen.

Thévenete de Villiers.

Macuet l'Huilier.

Girart de Chanciaux, tondeur.

Thévenin le Fililau, foul. et lan.

Odin de Geraus, lan.

Michelin de Sᵗ Sauveur, tix.

Symonin le Goige, mercier.

Margaron la Feneronne, veive.

Vincent de Colommiers, foul. et lan.

Jehanin de Villiers, foul. et lan.

Baudet le Enapier.

Johanne Goion, veive.

Felison, sa seur, veive.

Regnart le Piquart, foul. et lan.

Thiébault de Serbonne, lan.

Henriet dou Cheminet, lan.

Jehannin Bouyn, foul. et lan.

Regnaut de Joy, foul. et lan.

Adenin le Boiteux, péletier.

Jehanin Fobert, tondeur.

Hébert Copepie, pleur de dras.

Jehanin de la Chambre, tix.

Ferry le Tainturier.

Girart Pinot.

Guillemin de Velonesse, folon.

Jehanin le Damoisel, tix.

Henriet le Plastrer, foulon.

Jehanin de Bele-Noe, foulon.

Jehannin Cailler, tixerent.

Jaquin de Chaumont, tondeur.

Colin Savore, tix.

Guillot Maucade, tix.

Jehanin de Rampeillon.

Jehane, niepce Jehan de Verie.

Jaquin Hermant, foul.

Jehanin de Clofontaine, drapier.

Babelon, fᵉ Michel dou Plessie, hᵉ de prév.

Johanne la Ribode, veive.

Perrin Caillot de Villegruis, tix.

Delinon, fᵉ Jehan Sacre, hᵉ de prév.

Johanne, fᵉ Odin le Savetier, hᵉ de prév.

Perrotte l'Acousseresse, veive.

Delion la Gimoée, veive.

Jehan Boiliau, foul. et lan.

Johanne la Moussete, veive.

Johannin de Ponmolain, foul. et lan.

Avelon de Senz, veive.

Jaquete la Monine, veive.

La parroiche Sᵗ Aoul.

Jehan de Sézanne, mareschal.

Jehan Jolivet, mareschal.

Odin du Choiseau, mareschal.

Gilet de Sordu, fevre.

Jehan Aubert, cortepointier.

Jehan de Curti, foul. et lan.

Perrin de Dro, fol. et lan.

Jaquin le Péletier.

Havelon, fᵉ Milet de Marcilli, hᵉ de prév.

Thiébaut Guiart, tanneur.

Symonin Girart, tondeur de dras.

Jehan Mignot, maçon.

Jehannet Hurion, costurier.

Herart dou Gaul, curtillier.

Geffrin Chasteigner, lanneur.

Thévenin le Blanc, lanneur.

Macé le Charpentier.

Philippe de Champcouelle.

Colin de Brai, cordoennier.

Rappe le Bolenger.

Thévenin de Mommirail, savetier.

Gautier de Mostier-Arramé, foulon et lanneur.

Gilet Constant, tixerent.

Jehan de Pontoise, costurier.

Guillaume Lion, tavernier.

Michelin d'Esternai, bouchier.

Perrin de Moulin-nef, costurier.

Thévenin le Prestrat, savetier.

Jaquin le Begue, lanneur.

Naudin Bricet, cortiller.

Jehan de Viez-maisons, foulon.

Thiébaut, dit au Plonc, arçonneur.

Colas de Sainton, péletier.

Amaurri l'Alement, fournier.

Jehanin le Marié, deschargeur.

Henri le Boiteux, deschargeur.

Jehau Coperi, tanneur.

Lambert le Bergoignon, fremagier.

Jehanin Lerme-Dieu, covreur de maisons.

Robin Milequart, chandelier.

Margaron, fᵉ dit Pais, mareschal, hᵉ de prév.

Heloys, fᵉ Guillemin le Cotelier, hᵉ de prév.

Jehannin Flagel, vigneron.

Thierri le Fevre.

Milet le Torneur.

Hugue, dit le Chandelier, tau.

Symonin dou Sᵗ Esprit, foul. et lan.

Gautier l'Ailler.

Guiot le Chaalonge, tixerent.

Symonin, dit le Titre, tixerent.

Thévenin l'Ailler.

Regnaut Petit-bon, ferpier.

Rose, fᵉ Perrin le Savetier, hᵉ de prév.

Odin de Sanci, lanneur.

Jehan de Traynel, fevre.

Jehan dou Gaul, fremagier.

Jehannin dou Lie-chasgne, tix.

Pariset de S' Loup, arçonneur.

Jehan Raoul, foulon.

Colin Cortois, tixerent.

Jehan Thiébault, foul. et lan.

Deniset de Poignis, tix.

Jehan de Richebourt, costurier.

Baudin le Sigier.

Colin le Lievre, savetier.

Milet le Teleron, lanneur.

Jaquin de Boissi, tix.

Herart le Coiffier.

Jehan de Toul, tix.

Thierri le Maçon.

Jaquin, dit Gaigne-maaille, ferpier.

Jehannin Perruche, vigneron.

Jehannin le Moine, tix.

Gautier de Dro, lanneur.

Jehan le Titre, tix.

Jaque, dit Regnaut, lanneur.

Jehannin Huilier, covreur.

Maron, f° Jehanin de Marigni, h° de prév.

Jehanin le Costurier.

Sadonet, f° Pierre Faucille, h° de prév.

Catherine, f° Jehannin dou Plessie, h° de prév.

Jaquet le Bergoin, fol. et lan.

Agnès la Quoennonne, veive.

Gautier de Biffontaines, fol. et lan.

Perrin, dit la Mosche, tix.

Jehan d'Aucerre, corretier de vins.

Marie, f° Pasquier de Verdelet, drapler, h° de prév.

Jehannin Galière, péletier.

Thévenin le Tarterat, foul.

Jehannin de Sainteron, tix.

Colart, dit le Maistre, foul. et lan.

Jehannin Corteri, foul. et lau.

Margarite, f° Thévenin Berre, h° de prév.

Pierre Argent, tix.

Jehannin Roie, lan.

Garin d'Ermé, fol. et lan.

Jehannin Janvier, fol. et lan.

Jehannin d'Oisemont, lan.

Huet, dit Fil, tix.

Jaquete, f° Gilet de S' Syméon, h° de prév.

Perrin Gorjart, fol. et lan.

Jehannin Gorjart, fol. et lan.

Jaquin Tabellot, tix.

Odin le Savetier.

Morel d'Augerre, tix.

Jehannin d'Ermé, tix.

Margaron, f° Symon de S' Aubin, h° de prév.

Thévenin dou Pleisse, drap.

Colete, sa femme.

Aubert le Savetier.

Gilet de Maisoncelles, fol. et l.

Guillaume de S'° Margerie, costurier.

Odin le Clotier.

Colin le Maçon.

Jehanin Crête, taboreur.

Jehannin le Fahi, tix.

Thiébaut le Ferpier.

Perrin Gorjart.

Pierre de Trois, bazennier.

Macé le Huchier.

Jehan Fauvel, lanneur.

Adenin de Pigi, tix.

Jehan Barrequin, vigneron.

Delinon la Bercière, veive.

Henriet de Limars, drap.

Jehan le Champenois, cortepointier.

Jehan Alondre, cortepointier.

Raolin d'Avigni, lan.

Berthelin Pincart, tixerent.

Thomas Ratier, tix.

Domanchin le Bergoin, foul.

Jehanin le Charpentier.

Jehan de St Denis, tix.

Perrin de Melun, savetier.

Catherine, f^e Pierre de Jai.

Jaquin de Brai, cordoennier.

Odin de la Foire ès chevaux, cortiller.

Bertran le Covreur.

Jefrin de la Ville S. Jasque, foul.

Jehan de la Celle, lanneur.

Jaquete f^e Robin de Pigi, h^e de prév.

Thévenin de Senarpont, vaicher.

Jehannin Beler, saunier.

Jehannin d'Esparnai, ferpier.

Pierre le Titre, tix.

Destinal le Serorge, foul. et lan.

Helvis, f^e Jehan de Marcilli, h^e de prév.

Arembour, f^e feu Thierry Buciquet, v^{ve}.

Perrin de la Fontaine, foul.

Philippon Bause, lan.

Jaquin de Vouton, tix.

Jehannin Poetel, foul. et lan.

Jehan Doucet, foul. et lan.

Jaquin Blasme, foul. et lan.

Guillemin le Bergoin, foul. et l.

Perrin Ardi, f. et l.

Guillemin de Vauget, f. et l.

Deniset Guelin, f. et l.

Perrin des Hales, lan. et recloer.

Odin le Bateur de lainnes.

Symon de Ste Colomme, f. et l.

Jaquin Mal-Sale, recloier.

Ysabel la Couvetéte, veive.

Colin Quenivet, f. et l.

Jehan le Moine, lan.

Thévenin Belot, ordeur.

Jehannin le Pelé, lan.

Arnoulin le Borssier.

Jehanne, la f^e feu Hanequin dou Minaige, v^{ve}.

Hanequin le Charpentier.

Agneset la Boiteuse, charbonnière.

Margaron, f^e Jehan de Moustier la Celle, h^e de prév.

Jehannin de Moisenai, foul. et lan.

Jehanne, f^e Perrin de Lescheroles h^e de prév.

Amiet le Bergoin, foul. et l.

Droin le Savetier.

Droin l'Espicié, tix.

Colin de Beaumont, bazennier.

Michel le Covreur.

Gilet de Cortacon, poilailler.

Colin le Costurier.

Jehan le Grant, cortepointier.

Guiot le Lavandier, tix.

Thomas le Bateur de lainnes.

Perrin le Ferpier de dras.

Babelon la Pignarde, veive.

Regnart le Sauceitier.

Jehan, dit le Moustarder, tix.

Jehanin Daviet, foul.

Perrin de Verdun, cordoennier.

Thévenin de Challeuse, vaicher.

Colin le Lavandier, f. et l.

Jehannin Bertaut, tix.

Jehan de Chaatres, péletier.

Jehannin Chaudière, covreur de maisons.

Jaquin de Chaumont, péletier.

Margaron la Tornevante.

Margaron, f^e Jehan de Guines, h^e de prév.

Ysabelon Bauchigni, regretière.

Babelon, f^e Milet le Bateur, h^e de prév.

Jehanne, f^e Jehan Hunegaut, id.

Jehanne, f^e Jehannet le Boiteux, costurier, id.

Thévenin le Tondeur.

Johanne, f^e Jehan Murgale, v^{ve}.

Jaquin Clément, de Baucheri, fol. et l.

Regnaut de Cusiaus, fol. et l.

Baudin de Sauville, chaucier.

Adenin le Taboreur.

Perrin dou Buffet, péletier.

Guiot de Gis, tainturier.

Mauger le Péletier.

Arnout de Mesoncelles, tix.

Johanne, f^e Jehan de Veronges, h^e de prév.

Thomas Pijon, vaicher.

Lambert de Langres, cordoennier.

Gilet Plate-torne, tondeur.

Thomas de Dijon, bazannier.

Thomas d'Aubenton, baz.

Estiene Cheurri, seurre.

Perrin de Chaumont, péletier.

Guillemet l'Ordeur.

Jehan Guiart, tanneur.

Guillemin de Mal-regart, cordoennier.

Bertran le Lieve, cordoennier.

Jaquin le Petit, cordoennier.

Perrenet de St Aoul, vaicher.

Colete, f^e Adenin le Cordier, h^e de prév.

Johanne, f^e Roger Cordier, id.

Guillaume Guiart, tanneur.

Jehan de Montigni, corduennier.

Jehan de Granci, costurier.

Jaquete, f^e Perrin de Maumiat, h^e de prév.

Baudin le costurier.

Jehan de Piffons, bazennier.

Robin le Porchaceur.

Jaquin le Boiteux, péletier.

Alips, f^e Colin le Coleron, h^e de prév.

Colin de Troies, corduennier.

Jehan le Trillaz, foul. et lan.

Regnaut le Gaigne-ohole.

Vignoiche le Tondeur.

Guiot de Romme, lan.

Jaquin Godeffroi, foul. et l.

Regnaut de Champ-Boiau, tix.

Guiot de Gatins, foul.

Jehanin Huet, tix.

Jehannin de Coursemai, tix.

Jehanton le Bouchier.

Colin de Corsemai, tix.

Colin dou Plessie-Feu-en-sault.

Colas de Joigni, tix.

Colin de Challe-ville, costurier.

Jehannin le Bichat, tix.

Thévenin de la Botière, tix.

Jehanin Beau-ventre, tix.

Jehannin Chopine, uylier.

Huet dou Minage, mesureur de blez.

Pierre de Banchi, tix.

Jaquete la Baille, veive.

Jehannin la Meure, tix.

Alison de Fontène-Macon, veive.

Jehan de Berchot, tix.

Richart, dit Quatrenoiz, tix.

Jehan de Poigni, tix.

Jehan de Senz, tixerent.

Robin des Vignetes, tix.

Jaquin de Chevru, tix.

Etiene de la Botère, tix.

Jehan de Treffons, tix.

Perrote de Sourdu, veive.

Jehanne des Bruères, f^e Deniset de Malemeson, h^e de prév.

Jaquete, f^e Colin de Marcilli, id.
Fromon le Tondeur.
Adenin le Péletier.
Jaquin le Veive, tix.
Roger Chevalier, bateur de laines.
Robin Maroil, tix.
Milet de Canes, foul. et l.
Jehannin le Betel, costurier.
Girart le Potier, tix.
Colin le June-homme, foul. et l.
Florie, f^e Robin Touchart, h^e de prév.
Perrin de Beau-marchois, foul.
Perrin de Chambres, tix.
Laurent dou Lie-chasgne.
Jehan de Bonsac, lan.
Colas le Champenois, tix.
Thomas Blanche-cote, tix.
Jehanton de Verdun, bateur de lainnes.
Raolin Grelart, vigneron.
Thévenin de St Sauveur, tix.
Jehannin le Munerat, taboreur.
Thévenin Hoe, costurier.
Droin de Choisi, tix.
Thiébaut le Barbier, polailler.
Michel de Vaucharcis, tix.
Perrin Naalot, tainturier.
Jaquin le Souffleter.
Thierri de Villefer, tix.
Jehan Coffin, tix.
Jaquin de Champguion, foul. et l.
Jehanin de la Chappelle, tondeur de dras.
Noel de Potangi, lanneur.
Odin de Sanci, foul. et l.
Galot de Vodai, id.
Jeffroin le Normant, id.
Guillemin le Borgoin, id.
Ysabel la Téleronne.
Jehanin Gorge.
Jaquin le Grant, tonnelier.

Guillaume, dit Chandelier, tix.
Franquin Chie-Sole, tix.
Jehannin Galot, tix.
Raolin de Drolis, tix.
Feliset ès Biaus-soliers, tix.
Jehan le Barbier.
Jaqueron, f^e Gilet Botelit, h^e de prév.
Jehannin de la Botière, tix.
Perrin Bisart, fol. et lan.
Jehannin Loier, lan.
Guiot de St Lienart, tix.
Hemot de Chaalons, tix.
Jehan le Roussel, barbier.
Jehannin Boute-roe, foul. et lan.
Symonin Coillart, foulon.
Henriet de Luardon, foul. et l.
Colin Judas, boucher.
Jehanin le Maignep.
Jehan Cope-cho, boucher.
Jehan le Barbier.
Jehan le Cordier.
Symon le Bergoin, vigneron.
Jehanin Blete, cortiller.
Pierre le Sieur.
Jehan Pudieu, bouchier.
Jehanne, f^e J. de Boussi, h^e de prév.
Jehan le Pourpointier.
Jehan de Monciaux, boucher.
Feliset de Segi, foul.
Perrin le Norrichier, vigneron.
Robin Belier, cortiller.
Jehanin le Quailletat, tix.
Jehanin Aquaire, charretier.
Perrin de Ferrion, courtillier.
Regnaut de Melun, mercier.
Regnaut de Ferrion, cortillier.
Richart le Sacier.
Jehan Pichet, cortiller.
Nycholas le Tixerent de teiles.
Symonin Cotel, cordier.

Jaquin le Torcheur.
Martin le Mercier.
Jehan de Savigni, arçonneur.
Guillemin de Lescheroles.
Jaquin le Lorein, bolanger.
Margaron de Pigi, veive.
Anscel Tassin, tix.
Jehan de la Chambre, huilier.
Ysabel la Royne, veive.
Regnaut le Péletier.
Jehan le Lorein, pourpointier.
Perrin Alotin, tixerent.
Margaron, f° P. de Verdelet, h°
de prév.
Johanne, f° Jehan Hubost, id.
Agnès la Bergoigne, veive.
Marion, f° Guiot Beuse, h° de
prév.
Amelot la Borssière, veive.
Jehanin Pichet, laboreur de
terres.
Perrin Pepin, cortiller.
Jehan de Baye, costurier.
Hucier le Bergoin, vigneron.
Guillemin Pomete, vign.
Colin Croissence, huilier.
Aignès la Moignesse, veive,
Jehan le Champenois, cortiller.
Henriet le Savetier, de la Ville
neuve.
Jehanin Flutel, foul. et lan.
Garnier le Vaichier.
Jehan Lamiat, cortiller.
Perrin de la Chappelle d'Ara-
blai, foul.
Jehannin le Costurier.
Naudin le Savetier.
Jehannin Renier, savetier.
Jefroi le Gai, arçonneur.
Colin le Bon-homme, foul et l.
Guiot de Langres, f. et l.
Guillemin de Rampeillon, tix.

Jehanin le Bichat, covreeur.
Fremin le Borssier.
Jehan le Bergoin, arçonneur.
Jehannin l'Abille, cortillier.
Jehan Montillet, péletier.
Jaquin Poincet.
Feliset de Vauchargis, lanneur.
Elvis, f° Jehan de Voigni, h°
de prévosté.
Richart le Costurier.
Adenin le Costurier.
Philippon de la Mousche, foul.
et lan.
Jehannin Taxin, tix.
Babelon, sa femme.
Thierri dou Gaul.
Feliset le Lanneur.
Droin de Charni, tix.
Perrin Chevalier, tix.
Jehan Frapin, tavernier.
Jehannin de Soissons, savetier.
Guillemin de Luardon, tix.
Jehannin Corrocie, saunier.
Jaquin Gautier, tix.
Thévenin, dit le Chat, tondeur.
Rogier le Mercier.
Jehannin Aiance, tix.
Pierre la Poire, arçonneur.
Jaquinet le François, tix.
Girart de Sainteron, tix.
Thomas le Levrete, cuvelier.
Michel le Champenois, tix.
Colin le Saunier, covreur.
Jehan Damessant, foul.
Perrin Foacier, tix.
Petit Perrot, polailler.
Crestien de la Forestière, foulon
et lanneur.
Jehan Bourdon, maçon.
Jaquin Gadiau, costurier.
Michel Gadiau, cost.
Jehan la Biffe, tavernier.

Huet Argent, tix.

Odin Pinaut, tonnelier.

Jehannin Poisson, foul. et lan.

Robert Langlois, drapier.

Guillaume le François, tondeur de dras.

Jehannin Langlois, drapier.

Jaquete, f° feu Robert le Chandelier, v°°.

Thévenin Tennet, lanneur.

Jaquin de la Broce, lanneur.

Ysabel la Claquine, veive.

Jehanin la Cane, courtiller.

Jehan le Court, tix.

Martin le Costurier.

Jehan de Maryvois, tix.

Perrin l'Uilier.

Savary Motet, lanneur.

Gilon la Maçonne, f° P. le Maçon, h° de prév.

Gilon, f° Jehan de Voigni, id.

Noel d'Esgligni, foul. et lan.

Adenin Sireu, tix.

Jehan de la Saulz, bateur de lainnes.

Marie l'Oriande, veive.

Jaquete de la Calandre, id.

Jaquin Perruche, vigneron.

Thévenin de Besançon, lan.

Perrin Recloier, tondeur de dr.

Herardin le Tixerent.

Jehanne Lansote, f° J. le Savetier.

Jehan de Songnoles, foul et l.

Michelin le Papelart, tix.

Guillemin de Foranges, tix.

Jeubert le Tourcheur.

Guiot de Changi, bateur.

Jaquete la Maçonne, veive.

Jehanin de S¹ Remi, foul. et l.

Jehanin Caillet, foul.

Jehannin Acelin, foul. et lan.

Meline, f° Perrin de Mongivrost,

h° de prév.

Roger le Fournier, bateur de lainnes.

Raoul de Soilli, lanneur.

Estiene Tapicet, tix.

Sauceline, f° Berthelin de Cormiost, h° de prév.

Henriet de Chatronges, tavernier.

Jehan de Confflans, tix.

Raoul dou Courbier, tix.

Jaqueron, f° Feliset le Covreeur, h° de prév.

Jaquin le Petit, tix.

Colin de Barbonne, huilier.

Jehanin le Moine, mangeicier.

Raolin de Corgiboust, foul. et l.

Thévenin Brulé, fol. et lan.

Jehan Judas, foul. et l.

Johanne, f° Estiene de Culoison, h° de prév.

Perrin le Chardonneur.

Jehannin de Missi, foul. et l.

Thévenin de Chalaute, tix.

Jehannin de Joere, lan.

Guiot Tratet, foul. et lan.

Pariset le Foulon, lan.

Prieur Poincet, f. et l.

Jaquin Coiffet, f. et l.

Johanne, f° Perrin de Veronges, h° de prév.

Jehannin de Fontenai, tix.

Jofrin de Senz, arçonneur.

Colin d'Aavon, fol. et l.

Johanne, f° Odin de Verdelet, h° de prév.

Michelin de Vales, tix.

Jehan l'Ordeur, trameur.

Jehan l'Aane, fol. et l.

Jaquin Langlois, tix.

Jehanin de la Fontene, foul. et l.

Girart de Changi, tix.

Jehannin le Tulier, cordoennier.

Pasquier Rebours, foul. et l.

Jehannin de Joy, tix.

Colin de Sept-Saulz, fol. et l.

Savarin dou Mez, covreur de maisons.

Jaquin de Villenesse, covreur de maisons.

Odin de Richebourt, foul. et lan.

Jaquin de Meigrigni, f. et l.

Henriet de la Cretoire, f. et l.

Thévenin Gibert, cortiller.

Jehançon l'Orriller, foul. et l.

Gilet de Boissi, f. et l.

Jehannin le Branchat, savetier.

Deniset Parent, vaichier.

Babeline la Maurrie, veive.

Michelin de Senz, ferpier.

Symonin le Taboreur.

Gilet le Coleron.

Thiébault le Coleron.

Henri Berel, maçon.

Jehanin Petit-maistre, savetier.

Thomasssin de la Maison Dieu, foulon.

Symonin le Linaige, lanneur.

Colin Masangé, feneron.

Jehanin Helebit, tix.

Thévenin de Londres, taint.

Perrin Loys, tix.

Crestien de Lorme, recloeur.

Gilebert de la Roiche, pleeur de dras.

Perrin le Fautrier, tix.

Adenin Boolet, cotonneur.

Thévenin Furlon, lan.

Jehanin de Bolage, pleur de dras.

Gilet Clignet, fol. et lan.

Jaque Viete, tix.

Jehanin Godart, foul. et lan.

Belon, f° feu Jehanin de Sainteron, v°°.

Margarite, f° G. Vadrier, h° de prév.

Maistre Gile le Mareschal.

Jehanet le Normant, ferpier.

Pierre de Sézanne, cordoennier.

Nicolas le Canne, tainturier.

Perrin le Panetier, faiseur de panniers.

Jehan de Meaulz, corduennier.

Perrin Brisemur, bouchier.

Jehanin le Gruat, huilier.

Thiébault le Camus, coretier de chevaux.

Susenne la Corssette, téleronne, veive.

Jehanne l'Orillière, veive.

Ysabel la Cornete, veive.

Arnoul le Cuvelier.

Thomas de Drot, fol. et lan.

Pierre le Vaicher.

Symon de Montigni, foul. et l.

Jehan Hastelet, drapier.

Clement Bidaut, tondeur de dras.

Gilet Chagrin.

Gilet de Chastenai, foulon.

Jehan Bigart, drapier.

Mulien le Recloier.

Margaron, f° Aubert de Sainte-Yen, h° de prév.

Jaquin de S¹ Remi, tix.

Jehan Gondre, drap.

Philippon de Rolancourt, drap.

Jehannin Cholier, tix.

Odin Maupie, vigneron.

Alexandre Langlois, drap.

Symon le Charron.

Perrin de Villegruis, drap.

Odin Porcheron, fol. et l.

Jehannin de Ferion, tanneur.

Colin le Pelé, laboreur de terres.

Pierre de Meri, drapier.

Pierre de Chaatres, drap.

Jehan de Meri, dit de S¹ Aoul, drapier.

Jehan d'Aunoi, terrier.

Perrin de Corgenai, culier.

Pierre de Vodai, drap.

Jehan de Quateux, fol. et lan.

Philippon Cavardanne, tix.

Jehannin Droyn, tix.

Gilet le Savetier.

Henri l'Alement, drap.

Guillemin la Hure, foul.

Pierre le François, corduennier.

Deniset de Gatins, foul. et l.

Adenin le Bateur,

Michiel le Mangeicier.

Jehan de Tins, tondeur de dras.

Colin Ragot, lanneur.

Jehannin de Monz, tix.

Jehan de la Roiche-le-grant, pleur de dras.

Thierri le Pasticier.

Thiébault de Volencois, tix.

Guillemin le Torcheur.

Jehan de Champguion, foul. et l.

Perrin de Corgimost, f. et l.

Johanne, f° Benoit de Ranchins, h° de prév.

Perrin, dit Malglot, foul. et l.

Agnès, f° Arnoul de Berges, h° de prév.

Laurent de Canes, fol. et lan.

Pierre de Beaumarchois, fol. et l.

Jehannin Langlois, foul et l.

Jaquin de Chaatres, lan.

Vienet de la rue ès Bons-hommes, lan.

Regnaud le Cordier, huilier.

Thévenin Coillart.

Jehan de Tirache, lanneur.

Adenin de Vodai, drap.

Jehan le Téleron, drap.

Meline, femme doudit Jehan.

Thévenin de Chalaute, pleur.

Meline de Pesarches, veive.

Henri de S¹ Just, drap.

Jaque Fouchier.

Gilet de Valenciennes, tix.

Hutier le Blonde, tix.

Colin Marcheant, foul.

Jehanin Ausost, foul.

Girart de la Forestière, foul.

Huet le Bergoin, vign.

Symon de S¹ Aubin, foul.

Jehanin Girbert, tix.

Gilet le Barrois, foul. et lan.

Jehanin de Brai, id.

Feliset l'Arçonneur, id.

Jaquin des Essarz, id.

El oyset, f° Estienne Char-de-poro, h° de prév.

Jehanin Garin, tix.

Jehanin de Ferrion, foul. et l.

Perrin l'Emoleur de cotiaux.

Jehanin Morin, tix.

Adenin de Juilli, lann.

Jehanin de Cupigni, foul.

Margarite, f° J. de la Chevre, h° de prév.

Jehanin Farou, foulon.

Jehanin Hebert, tix.

Colin le Champenois, tix.

Jehan de Laval, foul.

Jehannet Asseurré.

Guillaume de Chalaute, charpentier.

Marion, f° Jehanin le Villain, h° de prév.

Guillemin de Berelle, tix.

Jehanin le Péletier.

Guillemin de Monblahien, foul.

Georget de Pigi, tainturier.

Jehanin Blavin, tix.

Thiébaut de Ruppereux, tix.

Perrin Houcart, foul. et lan.

Odin de Fay, foul. et lan.

Jaquin de S' Ylier, charpentier.

Jehanin le Goffre.

Adam de la Botère, tix.

Jaquinet dou Chemin, tix.

Philippon le Roussel, bolanger.

Perrin de Vaucharcis, savetier.

Jehanin Boiliau, foul.

Jehan de Dole, tix.

Jehanne la Gobie, veive.

Jehanin de Rabez, tix.

Thévenin Pavi, tix.

Pierre d'Egligni, tix.

Gilet de Bar, savetier.

Guiart le Péletier.

Philippot le Pasticier.

Colin de Senz, tix.

Henriet Pipe, tix.

Marion, f° Jehan Hochin, h° de
prév.

Jaquin le Gumier.

Jehanin le Brun, bateur de laines.

Morel de Gatins.

Eloiset la Derrote, v°.

Ysabelot la Savetière, id.

Ysabelet la Bedée, id.

Renier de Verdun, lanneur

Eloiset, f° Jehan de Poncières,
h° de prév.

Johanne la Borgoigne, veive.

Perrin de Chastel-fort, lanneur.

Vienet le Borgoin, foulon.

Jehanin Traouillot, tix.

Jehanin de la Colonnière, foul.

Perrin le Camus, de Baignecon,
foulon.

Jehanin le Coleron, tix.

Perron de Poncaillier.

Guillemin de Querres, lanneur.

Emeline la Lavandière.

Jehanin de Chalestre, charretier.

Robin le Lanternier.

Jaquin de Meigrigni.

Johanne de Courlaon, veive.

Maron la Pelée, veive.

Perrote, f° Jehanin de S' Bon,
h° de prév.

Eluiset de Champ-lone, veive.

Guillemin Pautrait, tix.

Jehanin de la Botière, tix.

Jehanin dou Gort, tond. de dr.

Jehanin de la Margotière, lan.

Jehanin de Cormeron, tainturier.

Guiot Senz-raison, taint.

Thomas Aillée, chardonneur.

Jehanin le Savetier.

Michel, dit Boiche-antrée.

Thiébaut de Baudement, lan.

Somme des quatre parroches,

XVII° et 1.

*Ce sont les personnes des mairies
de ors appartenenz à la commune de Provins.*

La mairie de Vousie.

Baudin Join, de Boy.

Laurent Bernart.

Gilet Bernart.

Jaquin Boilioue.

Jehanne la Huitière.

Perrin Boileaue.

Jaquin le Moynat.

Gilet Boileaue.

Regnaut Compain.

Jehanin Remi.

Thévenin Dole.

Tévenin Champ-d'erbe.

Perrin de Barbonue.

Robin le Torpinat, de Boy.

Henriet le Tixerent.

Guillemin Milecart.

Jehannin Jambart.

Berthelet Mirouaut.

Adeline l'Emerillarde.

Jehan le Seurre, de Boy.

Robert Hellebost.

Jehan d'Esquem.

Jehan Helebost.

Jaquin Godière.

Jaquin Merillart.

Jehanet le Vorpillat.

Perrin Helebost.

Perrin Furlon.

Jehanin le Brun.

Jehanin Boyn.

Thévenin Fréret.

Robin le Maçon.

Jehanin le Cochet.

Henri Boyn.

Jehanin Frérot.

Perrin dou Mont-de-Touz, demorant à Boy, ovrier do braz.

Jaquin Huet, de Tachi.

Jehanin le Mestre, de Longueville.

Jehanin le Roy, de Poignis, vigueron, laboureur de terres.

Thévenin le Charretier, de Poignis, id.

Jehanin le Charretier, son fil, id.

Henri Boudier, id.

Gilet Racinart, id.

Gilet Poi-de-sens, id.

Jehanin Paradis, id.

Henriet Ferrant, id.

Jehanin Bouchet, id.

Thévenin le Lonc, id.

Bricet Claire-vehue, id.

Jehanin Hardi, id.

Guillemin Bonnart, id.

Perrin Ferrant, de Boy, lab. de terres.

Guillemin Regnaut, id., id.

Regnaut Hoiri, id., id.

Jaquin Cochet, id., id.

Macé le Berger, id., id.

Robin Laurent, id., id.

Jehan le Barbiat, id., id.

Jehanin Fourlon, id., id.

Gilet Ressant, id., id.

Jehanin Yver, id., id.

Jehanin Bidaut, id., id.

Jehanne, fille Gilet Boiliau, id., id.

Thévenin Mirouaut, id., id.

Perrin le Brun, id., id.

Margaron, f° P. Paul Leve, h° de prév., id., id.

Ysabel la Talevarde, de Sainte-Colomme.

Perrin Guerrier, de Monthenepon, lab. de terres.

Gilet Quaque, de Sainte Colomme, id.

Perrin le Roy, de Poignis, id.

Perrin Oisel, de Poignis, id.

Michel Malapert, id.

Perrin Coillart, id.

Jehan Sebaut, id.

Perrin Andreau, de Bochereau, id.

Jehanin de la Planche, id.

Thomas Fréron, id.

Jehanin Ors-dou-sans, id.

Baudin Brunel, id.

Baudin Ors-dou-sans, id.

Perrin Escoulart, id.

Jehanin Maillefer, id.

Gilet Boule, id.

Jehanin Bovaul, id.

Gilet Boucher, id.

Laurin Chenoistre, id.

Noel l'aumier, de Poigni, vigneron.

Jehan Broier, id., id.

Jehan Fael, id., id.

Jehan Brulé, id., id.

Jehanin le Polat, id., id.

Vaudin Racinat, id., id.

Jehanin le Baillif, id., id.

Gilet Boutin, id., id.

Jehanin la Bele, id., id.

Jehanin Oisel, id., id.

Jehanin Boutin, id., id.

Gilet le Baillif, id., id.

Gilet Geubin, id., id.

Ysabel la Bedoyne, veive, id., id.

Baudin Ahostel, id., id.

Baudin Bodet, id., id.

Jehanin Bouchet, id., id.

Jaquete la Charretière, vᵛᵉ, id., id.

Jehan Trocheru, id., id.

Gibelin Ardi, de Sᵗᵉ Colomme.

Gilet Brulé, id., lab. de terres.

Perrin Macé, id., id.

Jehan le Cochuet, id., id.

Jehan Claireveue, id., id.

Pierre Pehu, id., id.

Jehanin dou Pressour, id., id.

Regnaut Chillot, de Montigni, laboureur de terres.

Jehan Nervet, de Sᵗᵉ Colomme, id.

Gilet Talevat, id., id.

Jehannin Claireveue, id., id.

Gilet Hubert, id., id.

Colin Vodet, id., id.

Jehanin dou Ruissel, id., id.

Jehanin Quaque, id., id.

Thévenin Hubert, id., id,

Jehan Charle, de Pontbenoit, lab. de terres.

Jehanin Charle, son fil, id.

Gilet Charle, de Pontbenoit, id.

Jaquin Bachelier, de Longueville, id.

Symon Ayeu, de Longueville, id.

Thévenin Grole, de Longueville, id.

Jehanin Chutel, de Savins, id.

Gilet Boyau, de Tachi, id.

Jaqueron, fᵉ Jaquet Jehanton, de Chassi, hᵉ de prévosté.

Gilon, femme Jaquet Joset, de Taxi, id.

Melinon, femme Deniset Joset, de Tachi, id.

Jehanin Langlois, de Savins, maçon.

Perrin Girbert, de Longueville.

Jehan le Cordier, de Chalemeson.

Jehan Huré, de Savins.

Estiene Bedin, de Savins, lab. de terres.

Jehanin Jouyn, de Savins, id.

Guillemin Dole, de Savins, id.

Babelon, fᵉ feu Jehan Hanequin, vᵛᵉ, lab.

Thiébaut Cherpi, charpentier, lab.

Thévenin Estancele, de Chale-
mesons, lab.

Jehan de Savins, fevre, lab.

Guillemin de Savins, fevre, lab.

Jehanin le Havenier, de Tachi, lab.

Ysabel, fᵉ J. Cortel, de Montigni, hᵉ de prév.

Jehanin Poquerel, de Montigni, lab.

Amanjon, sa feme, por li et ledit Jehan, absent, id.

Jaquin Huet, de Savins, id.

Gautier le Salier, de Savins, id.

Gilet Anaut, de Savins, id.

Perrin Gautier, id.

Jaquin Grolier, id.

Richart le Costurier, de Montigni, id.

Aruoulet d'Avelli, de Challemesons, lab.

Jaquin Bordelai, id., id.

Ysabel, f° Jehan Véron, h° de prév., lab.

Gefrin Guion, de Longueville, id.

Thévenin Estancelin, d'Avelli, id.

Robin le Sellier, de Challemesons, id.

Alain Quaque, de Challemesons, id.

Guillaume, de Longueville, taboreur, id.

Thévenin Chevalier, de Montigni, id.

Feliset Levrin, d'Avelli, id.

Macé le Maignen, de Montigni, id.

Henriet Guion, de Longueville, id.

Adenin Poile-tortel, de Montigni, id.

Baudin Bonel, de Septvieilles, id.

Perrin Ardi, de Montigni, id.

Guillaume le Deduit, de Justigni.

Milet Girost.

Coulin Quoquatri.

Guillot Bodet.

Thévenin Bodet.

Gilet dou Pressour.

Pierre Mal-apert.

Noolin de Travances.

Jehan des Champs.

Robin Billebart, de Challemesons, lab. de terres.

Jaquin Dolier, de Savins, id.

Jehannin Flori, de Montigui, id.

Jehannin Giro, de S'° Colomme, id.

Jehanin Barre, de Longueville, id.

Jehanin le Charron, de Chalemaison, id.

Thévenin Grole, de Longueville id.

Jehannin Pichon, de Savins, id.

Henri Pichon, de Savins, id.

Jehanin l'Abigant, de Boy, id.

Thévenin Estancellin, d'Avelli, id.

Jaquin le Seurre, de Boy, id.

Thévenin Bouchier, de Montigni, id.

Thévenin Barbe, de Montigni, id.

Jehan Bouchin, de Montigni, id.

Jehanin Furquot, de Chalemeson, id.

Guillot Mignot, de Montigni, id.

Perrin Berengier, de Savins, id.

Jehanet l'Abigant, d'Evelli, id.

Jehanin Quartier, de Souy, id.

Adenin Robillart, de Savins, id.

Vincent Quartier, de Montigni, id.

Jehan l'Abigant, d'Avelli, id.

Giefroi Pastier, de Savins, id.

Gilet Mignot, de Savins, id.

Thévenin Langlois, de Savins, id.

Colin, dit de Parai, de Savins, id.

Adam Noel, de Savins, id.

Symon Gautier, de Montigni, fevre, id.

Laurin Haste, de Savins, id.

Hugue le Bois, de Chalete la petite, id.

Perrin Chole, de Montigni, id.

Arnoul Perier, de Sept Vieilles, id.

Jehanin le Maignen, id.

Milet, dit de Parai, de Savins, id.

Jehan Marnai, de Sᵗ Loup, bouchier, id.

Guillot Boriage, de Gouois, seurre.

Gilet Viaul, maçon, dou molin de Bernart.

Jehanin Barbu, maçon, id.

Perrin Barbu, maçon, id.

Perrin Quaque, de Sᵗᵉ Colomme, charpentier.

Robin Mestrat, de Longueville, vigneron.

Jehan Berangier, de Savins, vign.

Perrin, de Longueville, vign.

Thévenin, dit Prévost, de Longueville, vign.

Thiébault le Lorein, de Savins, id.

Jaquin le Sauvage, de Longueville, id.

Perrrin Perier, id.

Babelon la Perière, veve.

Garin Nervet, de VII vieilles.

Odin Poquerel, de Montigni.

Jehanin des Osches.

Hersant, de VII vieilles.

Jehanin Culet, de Pogni.

Thiébaut des Murs, de Lors.

Meloton la Perdriate, veive.

Guillot Beasse, des Ormes.

Jehanin Lonc, de Poignis, id.

Jehanin Merillon, de Sᵗᵉ Colomme, id.

Jehan le Maignien, de Savins, id.

Gilotin Pigot, id.

Margaron de Bernart, veive, id.

Emelot de Bernart, veive, id.

Raolin Emiart, de Poignis, id.

Colas Hellebost, de Sᵗᵉ Colomme, id.

Jehanin le Mur, de Sept Vieilles, id.

Jehan Robaust, de Montigni, id.

Adenin Jouet, id., id.

Jehanin le Fournier, de Poignis, id.

Perrin Dolet, faucheur, de Monthenepon, id.

Perrin Garnier, id., id.

Jehanne, fᵉ Jehan Broier, id., id.

Thévenin le Maignen, de Sᵗᵉ Colomme, id.

Baudin Pigot, id., id.

Gilet Champi, de Sᵗᵉ Colomme, id.

Baudin Coterel, id.

Gilet Helebost, de Savins, id.

Perrin le Fournier, de Sᵗᵉ Colomme, id.

Jehan Quartier, id., id.

Jehan Meruet, id., id.

Ysabel, de Sept Vieilles, id.

Perrin Nervet, de Sept Vieilles, id.

Perrin Moitin, id., id.

Perrin Nervet, id., id.

Gilet Perdriat, id., id.

Babelon la Perdriete, de Sept-Vieilles, veive.

Thévenin le Vaillent, de Sᵗᵉ Colomme, lab. de terres.

Gilet Halegrin, id., id.

Jehanin Halegrin, id., id.

Agnès, fᵉ feu Tenre-Biffe, veive, id., id.

Jehanin Marinat, id., id.

Pasquete, fᵉ feu Gilet Hubert, veive, id., id.

Babelon, f° feu Gilet-au-Charne, veive, id., id.

Gilet Gorge, veive, id., id.

Margaron, f° feu Perrin l'Escuier, id., id.

Margaron, f° feu Gilet Ardi, id., id.

Pierre Bisart, id., id.

Jehanin Trocheru, id., id.

Gilet Hellebost, lab. de terres.

Jehannin Guibert, id.

Jehannin Saget, id.

Perrin Saget, id.

Colin Quaque, id.

Jehannin de Senart, fournier, id.

Jaquin, de Pont Benoist, id.

Elvis la Bordière, veive, id.

Margaron, f° Jehan Talevart, veive, id.

Thévenet Court, de Tachi, id.

Gilet Trotin, de Savins, id.

Adenin Moire, charpentier, id.

Henri le Mercier, id.

Thévenin Bourge, id.

Thévenin Herbot, de Tachi, id.

Adam Renot, de Savins, id.

Jaquin Nevelier, de Savins, id.

Bertier le Moite, vign., id.

Jehannin le Moitie, de Savins, id.

Pierre Fourquot, de Savins, id.

Perrin Thiébaut, id.

Jaquin Pile, de Savins, id.

Jaquin Liévin, de Savins, id.

Adenin Chitiaus, id.

Jehanin Champi, de Tachi, costurier, id.

Robin Blanche-Coille, de Tachi, id.

Adam Mori, de Savins, id.

Fourmon Poquerel, de Montigni, id.

Jaquin Couet, de Tachi, id.

Jaquète, f° feu Guillaume la Queue, de Savins, veive.

Jehanin Hayet, de Longueville, vign.

Thévenin Claire-veue, de Ste Colomme.

Odin Bordelai, de Chalemeison.

Melon, f° Jaquin le Moine, id.

Jehanin Tripet, de Tassi.

Odin le Maiguen, de Chaleme-sons.

Jabeline, f° Odenet Ansselin, d'Avelli.

Jehan le Fournier, de Poignis.

Jaquin Tripet, de Challemeson.

Symon Chauvel, id.

Perrin Trippaut, id.

Milet Cayn, d'Avelli.

Jaquin Faucherel, de Chalemé-son.

Odin Chauvel, id.

Bardou Gornel, id.

Robin Rave, d'Avelli.

Guillemin le Burgoin.

Odin Galet, de Chalemesons.

Jehannin Moreil, de Monti-gni.

Emanjart l'Asnière, de Savins.

Jehanin, de Vaudières.

Pierre le Mire, de Savins.

Emanjar l'Uilière, de Montigni, veive.

Jehanin Lore, de Savins.

Macé Pojoise, de Tachi.

Guillemin Vibois, de Chalete la Petite.

Gautier le Bergoin, de Chaleme-son.

Symon Urlon, de Chalete.

Jehannin Boschet, d'Avelli.

Jehanin Gilier, de Montigni.

Bardet l'Uilier, de Chalemeson.

Nicholas Aleaume, demorant à Poignis.

Girart Marinet.

Perrote, fᵉ P. le Fres.

Jehanin Chevalier, de Montigni.

Belon, fᵉ P. le Tixerent, hᵉ de prév.

Perrin Gornai, de Chalemeson.

Jehanin Gornai, id.

Jehan Piteux, d'Avelli, tous laboureurs de terres.

Symon le Charron, de Gouvois.

Pierre le Prestat, id.

Colin Robinet, id.

Adenin, son frère, id.

Jaquete, sa mère, veive, id.

Gilet Robinet, id.

Jaqueron, fᵉ Tévenin Joe, id.

Ysabelon, fᵉ Jehanin Brulé, id.

Henri Matois, id.

Jehanin des Murs, de la paroche de Lours.

Gilon des Murs, id.

Maron des Murs, veive, id.

Adenin, fil de Jehan des Murs, id.

Perrin Matois, id.

Jaquin le Papelart, id.

Jehanin Borjace, de Gouvois.

La mairie de Chalestre la Grant.

Perrin Flori, de Cortiost, vigneron.

Perrot le Tulier, de Mont le Poitier, id.

Perrinet Sernote, id.

Perrin le Costurier, de Mont le Potier, id.

Perrin Cliquot, de Monthenepon, id.

Girart Babel, de Cortiost, id.

Garin Bidaut, de Cortiost, id.

Jehanin le Burgoin.

Perrinet le Franc.

Perrin Felipet.

Jehan Jahier.

Adeline, fᵉ Laurent Peperin, hᵉ de prévosté.

Eluiset la Gerhosde, veive.

Jehannin Cornuaille, vigneron.

Macé le Relieur, id.

Jehanin dou Pleissie, id.

Jehanin Dadelot, id.

Boileton le Maçon, id.

Guillemin l'Abigant, id.

Gilon la Patancière, id.

Jehanin le Baillif, id.

Jehanin de Travant, id.

Macé Droart, id.

Ysabel, fᵉ au Bel-Enfent, hᵉ de prév.

Margueron la Hunenière, de Chalestre.

Sainton des Ormes, id.

Robin le Closier, id.

Robin le Barbier.

Perrin, genre Triboulot.

Philippon, fil le Prévost, de Fouchères.

Thévenin Bedin.

Jehanin Hunenier.

Macuaul, genre Gilet Mosart.

Jehanin de Marcilli, et Perrin son frère.

La mairie de Roylli.

Thierri le Fouteur.

Odin le Lorein, bolangier.

Jeubert de Sézanne.

Jehanet de Gondecourt, bolangier.

Thévenin Marcheant, id.

Belin le Lorain, id.

Jaquin le père, de Moiraan.

Martin Goire, de Feligni.

Pierre Brocart, de Boisbourdin.

Robin qui a Amorce.

Henriet Chapon.

Colin le Quoquetier.

Perrin Demi.

Jehan Demi.

Anselet Hemot.

Jehan le Porchier.

Raolin Sarpe.

Jehannet le Blonde.

Colin Boucart.

Pierre Herbert.

Jehan Quarrele.

Jaquin Quarele.

Jeubert Charnel.

Marie, fᵉ Gilet Piat, hᵉ de prév.

Guillemin le Marchis.

Jehan dou Gué, de Lumars.

Ysabel de Sézanne.

Laurent Lombart, de Boisbordin.

Jehanin Boisbordin.

Tévenin Tacon.

Jaquin Tafeneau.

Girart Charnel.

Jehanin Boudet.

Milet Laloe.

Jehan Dreue.

Meline, fᵉ Perreau, de Morraan.

Jehan Marnel.

Johanne, fᵉ Jehannin Talon, hᵉ de prév.

Meline, fᵉ Milet Talon, hᵉ de prév.

Jehanin Varlaut.

Robin, de Lumars.

Jehanin fil Robert, de Lumarz.

Guillemin le Charbonnier.

Perrin le Loriot.

Gautier dou Gué.

Jehan Belier, de Morteri.

Tieton, de Morteri, veive.

Borgine, fᵉ au seurre de Lumarz, hᵉ de prév.

Jehanin qui a Amorce.

Jehane la Boine boive.

Jehanin Boyn, de Lumarz.

Gilet Granchier, de Chenoise.

Jehan de Boissi, id.

Jehan l'Uilier, id.

Hemelot la Vassaude, id.

Symonet le Piquart, id.

Tévenin Briche, id.

Jehanin Garin, id.

Jehanin Cado, id.

Tieton, fᵉ Perrin Chanterel, hᵉ de prév., id.

Sebille, fᵉ Tévenin Maugoust, hᵉ de prév., id.

Pierre Sueur, de Chenoise.

Jehanin le Marcheant, de Combles.

Guillaume le Breton.

Henriet Cochot, de Sᵗ Ylier.

Jehannin Aquarin, de Chenoise.

Jaquin le Brenat.

Perrin le Guesdonier, de Morteri.

Perrin le Gaucherat.

Johanne, fᵉ Henri le Charpentier, hᵉ de prév.

Anscel, de Pinot.

Melinon, fᵉ Jehan Fromon, hᵉ de prév.

Laurant le Seurre, de Sᵗ Ylier.

Jehan Pinart.

Berthelin, de Sᵗ Ylier.

La mairie de Rouylli (sic).

Clément dou Molin-roige, bolanger.

Lambert l'Arbitre.

Jehan Mathé.

Maistre Denise le Charpentier.

Milet Rape.

Hugue des Molins-rouges.

Jehan Pouart, bolanger.

Jaquin le Vachier.

Cretelot de Molins-roiges.

Raoul Floriet, vigneron.

Berthelet Savoir.

Colin Vilartel, vign.

Avelon la Bariete.

Guilemin Huet, bol.

Martine, f° Jehan Savetot.

Thévenin, de Roiche.

Martié Doe, vign.

Felison, f° feu Feliset le Charpentier, veive.

Delinon, f° feu Hugue le Burgoin, veive,

Thévenin Flori, vign.

Jehanin Flori, vign.

Jaque de Brie, bolangier.

Jehan de Fouvanne, id.

Guillemin Suete, id.

Thévenin Mathe, id.

Perrin de Brie, id.

Jaquin de Chasteillon, id.

Gilet Hiart, vign.

Droet de Chevru, bolangier.

Garnier Rochete, vign.

Jehanne la Quarrée, veive.

Jehan de Cinai, bolangier.

Perrin le Charpentier, de la Bretonnière.

Perrin Beiquot, vign.

Raolin Boirarde, de Morteri.

Jaquin le Burgoin, bolangier.

Girodet le Bolangier.

Gobel, de Molins-roiges.

Clément Trochin, vign.

Perrin le Gras, id.

Ysabelon, f° Thévenin le Gras.

Perrin Barraquin.

Jehanin Trochin, vign.

Baudin Pouart, bol.

Jehanin le Gras, vign.

Jehanin Mouillet, bol.

Thévenin Grelart, vign.

Jehanin Roichart, id.

Jehanin le Moine, id.

Robin Doe, id.

Aubert Garnier, bolangier.

Guillot Chardon, vign.

Thévenin Garnier, id.

Thévenin Trochin, id.

Gilet Potié, id.

Bernart Cornu, id.

Jehan Limart, bolangier.

Symon Hemart, vign.

Colin Pouart, bolangier.

Michiel Potié, vign.

Colet Dreve, de Morteri, id.

Adenin Perron, id.

Marie de Roiche, veive.

Jehanin Pelé, vign.

Jehanin Chardon, id.

Gilet Ticçart, id

Michiel Garnier, id.

Robin Chardon.

Jehan Rigole, vign.

Jehanin le Normant, boul.

Jehan Petit-Guiot, id.

Pierre David, vign.

Aubelin, Bec-d'oe, bolang.

Perrin Boirarde, vign.

Gilet de Mongenost, bolang.

Perrin Parent, id.

Jehan Garnier, id.

Jehanin le Borrier, vign.

Gilet Sarre, bol.

Symon Gautier, id.

Perrin le Large, de S¹ Ylier.

Symonin le Large, de S¹ Ylier.

Milet, de Viliers.
Maalot, de Marroles.
Jehanin Ardi, de Marigni.
Jehanin Pinaut.
Jehanin le Marrat.
Thévenin le Piquart, de Marigni.
Thiébaut Jaquart.
Tévenin dou Bois.
Gilet le Costurier, de Morteri.
Guillemin le Charpentier, de Pinot, maçon.
Robin le père, de Morteri, maçon.
Pierre de Lumarz.
Jehan de Lumarz.
Giefroi Hervi.
Odin le Maistret, de Sᵗ Hilier.
Estiene le Vachier, de Savigni.
Jehanin Jaquart.
Jehanin le Large, de Villiers.
Colin Jaquart.
Giefroi le Oulier.
Robert dou Bois.
Jehanin Renier, de Savigni.
Perrin, de Champsenest.
Denisot le Tixerent, de Pinot.
Johannet le Roy, de Morteri.
Pierre le Seurre, de Chenoise.
Meline, fᵉ au mareschal de Combles, hᵉ de prév.
Babelon, fᵉ Henri Baler.
Colin Chapon, de Morteri, charretier.
Jaquin de Durtain,
Thiébaut de Joy, de Morteri.
Jehannin le Surrat, de Sᵗ Hilier.
Perrin Tatouillot, de Villiers.
Jehan, de Villiers.
Jehanin Droyn, de Morteri.
Jehanin Coffinel.
Babeline, de Marroles.

Perrin, de Cocharmoi.
Babelon, de Marroles.
Tévenin le Roy.
Johanne, fᵉ Vincent le Tixerent, hᵉ de prév.
Jaquin Rouget.
Jehan, de Bannox.
Symon, de Morteri.
Gautier le Charron, de Sᵗ Ylier.
Adenin, de Morteri.
Perrin Chace, de Morteri.
Mᵉ Jehan le Charpentier, de la Bretonnière.
Colin le Novel-marié.
Perrin le Closier, de Morteri.
Jehanin le Bordier.
Pasquete, fᵉ Michel le Charretier.
Droet le Berger.
Henry, de Planches.
Henri Perrucheau.
Arnoul Bon-Blé.
Margarite, fᵉ Colin Tacon, hᵉ de prévosté.
Jaquin Morin, de Combles.
Adeline de Viliers.
Jehanin Crote.
Guiot Caillot.
Droyn, frasier.
Jehanin, maçon.
Perrin Cope-queue.
Milet Roussel.

La mairie de Fontenoy.

Jaquete, fᵉ Chie-soie, hᵉ de prév.
Gautier de la Maison Dieu.
Jehannin Martin.
Tévenin le Bergoin.
Jehanin Apparillié.
Jaquin Berteillon.
Jehanin dou Moins.

Gilet Geurnier.

Belon, f° feu Jehan l'Asnier.

Garnier Galopin.

Bilon, de Fontenoi.

Jehanin Rosier.

Thomas le Bergoin

Jehanne la Maçonne, veive.

Ysabelon la Reyne, veive.

Tévenin Sarre.

Jehan le Laceur, à la relacion Ysabel, sa femme.

Jehanne la Mitière.

Jehan, de Fontenoi.

Gilet, de Laigni.

Jaquin le Buef.

Perrin Cassart.

Jaquin, de Fontenoi.

Aceline, de Courvannes.

Perrin Rincent.

Gilet Cassart.

Henry le Ferpier, de Lugrant.

Girart Luquot.

Gilet Tourneron.

Macé Taybot.

Gilet, de Pontisiaux.

Jehanin le Caillat.

Erardin, de Fontenoi.

Jehanin le Verreux.

Thomas Pichon.

Thomas Bele-chière.

Gautier le Roy.

Guillemin le Cordelier.

Jaquin, de Chalestre

Jaquin Rigot.

Perrin le Clerc, de Boolot.

Jaquin le Coic.

Ysabelon la Pélerine.

Thomassin le Pignart, dou Pleissie Poile-chien.

Symonin le Burgoin.

Jehanin Sarre.

Perrin Beuf-ferré.

Thévenin le Tixerent.

Jaquet Goier.

Jehan Pinart.

Ysabelon, f° Jehanin Sarre, h° de prév.

Michel de Mesabon.

Jaquin Bertaut, de Leschières.

Melipon, f° Lambert, de Longueville, h° de prév., tous laboureurs de terres.

Colin Quarre, de Boolot.

Gilet Roigeron, id.

Odin Chevance, id.

Regnier Hameri, de Bonart.

Perrin Girart, de Daoul.

Jehanin Girart, de Daoul.

Milet Millet, de Voton.

Robin, de Jinbrois.

Perrin Calier, de Vouton.

Michiel Acier, id.

Raolin le Munier, id.

Renaut le Charpentier, id.

Babelon la Pautonnière de Fontenai.

Guiot Maret, de Voton.

Colin Macuet, de Voton.

Margaron la Marreglière.

Jehanin le Savetier, dou Tramblai.

Jaquin de Lavet, charretier, de de Vouton.

La mairie de Cortaon.

Jehannin Olivier.

Arnoul le Charron, de Vulaines.

Denise, f° feu Symon de la Fontenelle, veive.

Jehannin Vinot, de Mintol.

Jaquin Tarpiaut, de Cortaon.

Emanjon, f° Odin Jeubert, h° de prévosté.

Jehanne, f° Jaquin Jeudieu.

Denise, fᵉ Jehanin Gale, hᵉ de prév.

Jehan le Péletier.

Margue, fᵉ feu P. Tarquaut, veive.

Gilet Borjoise, de Vilaines.

Julienne, fᵉ Symon Leschembaut, hᵉ de prév.

Jehannin le Camus, de Cortaon.

Jaquete la Merillonne.

Gilet le Fevre, vigneron.

Jaquin Mochart, id.

Perrin Duran, id.

Pierre Guibert, id.

Jaquin dou Pressour, laboreur de terres et de vignes.

Jehan Doublet, id.

Thiébault Lombart, id.

Deniset dou Pressour, id.

Jehannin Brochart, id.

Perrin dou Pressour, id.

Symon Brochart, id.

Jaquin Bardet, id.

Jehanin Tarquaut, id.

Baudin Rousset, id.

Perreau Chappelain, id.

Laurent le Roxelet, id.

Perrin le père, id.

Jehanin Chedin, id.

Henri Bardet, id.

Jaquin le Sellier, id.

Perrin Notre, id.

Jehan Male-espine, de Mitai, id.

Hermant, de Vilaines, charretier, id.

Perrin Champignaul, de Vilaines, id.

Jehanin Champignau, de Vilaines, id.

Jehanin Mignot, id.

Garnier Begat, id.

Gilebert, de Cortaon, id.

Odin Godet, id.

Jaquin Mignon, id.

Jehanin Symon, id.

Ameline la Gaye, id.

Jehan Paulion, de Vilaines, id.

Perrin Hiart, id.

Jaquin Bignon, por li et Amanjon, sa mère.

Baudin Coynart.

Jehanin Boolet.

Jaquin l'Uilier, de Cortaon.

Guillot Arquaut, à la relacion de Margaron, sa femme, laquele a juré que il est malades, et que pour ceste cause l'a dit son mari faite venir par devant nous.

Regnaut l'Uilier, lab. de terres.

Girart Quoquart, id.

Baudin Gondin, id.

Andri le Burgoin.

La mairie de Leschières.

Feliset le Champenois.

Gefrin Daourst.

Jehanin le Mestre, de Leschières.

Guiot Tritant, id.

Tévenin le Pinart, dou Pleissie de Pigi.

Girart Loriaut, id.

Jaquin Herboust, id.

Jaquin Michon, id.

Tévenin Michon.

Jaquin le Maire, de Boucheri.

Jehanin Maire, de Palai.

Jehanin Chaot, de Pigi.

Jehanin Peto, de Cormeron.

Jehanin Gefroi, de Cormeron.

Ysabel de Cormeron, veive.

Perrin Deniset, de Leschières.

Johanne fᵉ feu Macé Siraude, vᵛᵉ.

Perrin Perrier, de Baucheri.

Jehanin Compaignon.

Jehan Gastelot.

Jehanin Godart.

Perrin le Barbenois.

Jehan Galerne, de Leschières.

Johanne, f° Perrin l'Oste, h° de prév.

Mairie de Sordu.

Jehanin le Champenois, de Malni.

Jehanin le Boiteux, id.

Jaquin le Godinat, de Sordu.

Jehan Coillu, id.

Jehan Guerri, de Chalete la petite, vign.

Martin Jouyn, id. id.

Guillemin Guide, id. id.

Perrin Guide, id., id.

Jehanin Denise, id. id.

Jehanin Pethin, id. id.

Jehanin Regnaut, id. id.

Raoul Navier, id. id.

Thiébaut Cale, id. id.

Jehanin le Roide, id. id.

La mairie d'Augerre.

Colin le Borgne, de Champcouelle.

Symonin Veriz.

Jehan Maisance, d'Augerre.

Agnès la Doucete, de Gondelet.

Jehanin Renier, charron.

Jehanin le Chantre.

Gilet le Munier.

Ysabelon, f° feu Girart de Champcouelle.

Meline, f° Symon Purée, h° de prév.

Ysabelon, f° Triboubardin, id.

Jehanete, f° Jehan Bletier.

Girart Bourrée.

Jehanin de Chien-fay.

Perrin le Burgoin.

Thévenin Bloquet.

Gile Quatre-solz, de Senci.

Guillemin le Roussel, de Senci.

Perrin Moisson, de Confflen.

Girart Roucin, de Chanai.

Jehanin Cambrai, de Senci.

Guillemin de Senci.

Lambert le Burgoin, de Chanai.

Jehanin Cuvelet, de Corberon.

Jaquin Preschie.

Jehanin le Moynat.

Renier, de Corberon.

Jaquin le Procureur, fromagier.

Regnier l'Asnier, de Flez, lab. de terres.

Perrin Pilart, de Villiers Saint-George.

Symon Coillaut, charpentier.

Jehanin le Champenois.

Jehanin le Bergoignat, de Villers.

Robin Testuaul, id.

Gilet Fourme, covr. de maisons.

Laurent Torterelle, de Villiers.

Jehannin, dit la Mère Dieu, de Villiers.

Perrin Foacier.

Hutart le Quoquinet.

Perrin Moinet, de Villiers.

Macé Haquaire.

Briquet d'Augerre, costurier.

Symon de Letre, de Senci.

Jehannin le Grant-fevre, id.

Johanne la Bouchière, id.

Noël de Sanci, covr. de maisons.

Lambert, fil Mélinon, de Champcouelle.

Méline de Champcouelle.

Symon le Savetier, de Champcouelle.

Aubert de Mont le potier, de Chalestre la grant.

Perrin Fanion.

Colin dou Pleissie.

Henri d'Orvilliers.

Rabelée d'Augerre, veive.

Guillemin Dode, de Flez.

Eudelet de Flez.

Guillemin le Piquart, de Flez.

Perrin Hutin, de Flez.

Lambert Coffreen.

Maron la Hardie, v°°, de Coffreon.

Jehanne la Pisete, id., id.

Marois Dorvilliers, id., id.

Éluiset, de Couffreen.

Jehanin Baio.

Colin de la Mole, de Senci.

Jehanin, folon.

Ysabel de Villiers, f° Perrel le Boucher, h° de prév.

Thiébaut le Brun, de Champcouelles, laboureur.

Colin le Tort, id., id.

Johanne, f° Garrin Piot, h° de prév., id., id.

Perrin Loriot, id., id.

Margaron de Brancilli.

Jehanin Philippe.

Perrinet l'Asne.

Domanchin le Savetier.

Agnès, f° Tévenin la Feve, h° de prév.

Maron la Lopine, veive.

Agnès la Mercière, id.

Ysabel la Vielle, id.

Jehanin le Valeton.

Jehanin le Bolangier.

Somme des mairies VIII° XLIIII.

Somme toute, tant des IIII paroches comme des vilages II™ V° XLV.

[Archiv. nation., supplém. au trésor. rouleau en parchemin, avec un reste de sceau en cire rouge, J. 768.]

———

Ces deux listes peuvent être résumées approximativement de la manière suivante :

Gens attachés aux travaux de la terre.............	500
Gens attachés au métier de draperie..............	900
Gens de professions diverses...................	450
Gens dont les professions ne sont pas indiquées...	500
Femmes...............................	350
Total.......	2700

DE L'IMPRIMERIE DE CH. LAHURE (ANCIENNE MAISON CRAPELET).
rue de Vaugirard, 9, près de l'Odéon.

www.ingramcontent.com/pod-product-compliance
Lightning Source LLC
LaVergne TN
LVHW052151080426
835511LV00009B/1789